DE LA SOUVERAINETÉ
DU PEUPLE,

ET

DE L'EXCELLENCE

D'UN

ÉTAT LIBRE.

TOME SECOND.

DE LA SOUVERAINETÉ

DU PEUPLE,

ET

DE L'EXCELLENCE

D'UN

ÉTAT LIBRE.

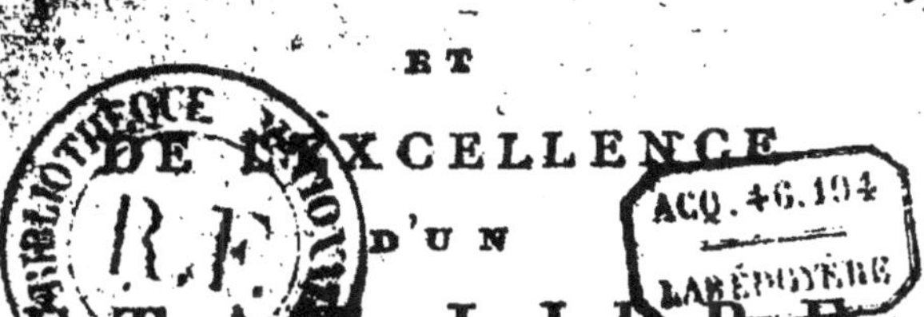

Par MARCHAMONT NEEDHAM.

TRADUIT DE L'ANGLAIS,

Et enrichi de notes de J. J. Rousseau, Mably, Bossuet, Condillac, Montesquieu, Letrosne, Raynal, etc. etc. etc.

Par THÉOPHILE MANDAR.

Il faut saisir la circonstance de l'évènement présent, pour monter les âmes au ton des âmes antiques.

J. J. Rousseau, *Gouv. de Pologne.*

TOME SECOND.

A PARIS,

Chez Lavillette, Libraire, hôtel Boutillier, rue des Poitevins.

1790.

CONSTITUTION

D'UN

ÉTAT LIBRE.

TROISIÈME PARTIE.

*Le Peuple est la source de toute puissance
légitime.*

Ceux qui nient cette proposition , sont
obligés de remonter jusqu'à Noé et Adam
même , pour pouvoir soutenir leur opinion.
Ils allèguent que les gouvernemens primitifs
n'ont point été institués par le choix libre
et du consentement de ceux qui étoient
gouvernés , mais par une autorité absolue,
remise à ceux qui gouvernoient. Ils ajoutent que notre premier père , et les patriarches avant et après le déluge , jouissoient
d'une autorité entière ; qu'ils l'exerçoient
d'une manière absolue, et qu'ils devenoient
princes en vertu de leur droit DE PATERNITÉ,
sur toutes les familles qui descendoient
d'eux ; en sorte que les pères , au moyen
du grand nombre d'années qu'ils vivoient ,

Tome II.   A

et par la pluralité de leurs femmes, se trouvoient les chefs d'un royaume, dont tous les sujets étoient leurs enfans. De là quelques personnes faisant descendre la souveraineté de ces prérogatives accordées aux patriarches, ont prétendu que l'origine du gouvernement n'a jamais été et ne doit pas être dans le peuple.

Pour répondre à cette assertion, nous dirons que la souveraineté (ou le gouvernement) doit être considérée comme naturelle ou politique : en la considérant comme naturelle, nous voyons que, sous les patriarches, celui qui exerçoit la souveraine puissance sur ses enfans et sur tous leurs descendans, étoit véritablement le magistrat suprême et le père de son pays. Or cette sorte de gouvernement ne fut que momentanée, et ne dura pas long-tems après le déluge. Nembrod le changea bientôt, en réunissant en un seul corps plusieurs familles étrangères les unes aux autres, et en les obligeant à se soumettre aux loix et aux conditions qu'il jugea à propos de leur imposer.

Ce fut ainsi que le pouvoir paternel se trouva bientôt changé en un gouvernement

...nique. Ces deux modes de gouvernement ne devoient point sans doute leur
origine au peuple, et n'avoient aucun rapport avec celui dont nous voulons parler (*a*).

Il existe un mode de gouvernement politique, qui n'est point fondé sur la nature, ni sur aucun droit paternel, mais sur
le choix libre, le consentement et l'accord
mutuel de plusieurs personnes formant
une association civile (*b*); c'est de ce mode

(*a*) Algernon Sydney, auteur d'un excellent ouvrage intitulé, DE LA MONARCHIE (lequel écrivoit
en 1680), prouve évidemment que l'autorité des patriarches ne s'étendoit que sur leurs enfans; qu'il
est faux qu'ils aient été des rois, et qu'il est vrai
de dire au contraire que les aînés de la branche
aînée n'ont jamais prétendu exercer cette autorité
sur les descendans de leurs aïeux. Abraham n'étoit
point roi; et si l'on veut que ce patriarche ait été
roi, ses possessions se bornoient à un champ qu'il
avoit acheté pour sa sépulture et celle de Sara; ses
nombreux sujets consistoient en sa femme et ses
deux enfans, en ses domestiqués, et enfin en un petit nombre d'esclaves. *Voyez section* VII, VIII *et* IX
de l'ouvrage cité.

(*b*) Sans considérer si les pouvoirs de la souveraineté sont réunis ou séparés, on appelle *souverain*
la personne physique ou morale à laquelle ils appar-

A 2

agrégation est formé ce pouvoir perma-
nent, par lequel chaque individu n'obéis-

---

ramenée à mon sujet, peut s'énoncer en ces termes :
« Trouver une forme d'association qui défende et
» protège de toute la force commune la personne et
» les biens de chaque associé, et par laquelle cha-
» cun s'unissant à tous, n'obéisse pourtant qu'à lui-
» même, et reste aussi libre qu'auparavant ». Tel est
le problème fondamental dont le contrat social donne
la solution.

Les clauses de ce contrat sont tellement déterminées par la nature de l'acte, que la moindre modifi-
cation les rendroit vaines et de nul effet; en sorte
que, bien qu'elles n'aient peut-être jamais été for-
mellement énoncées, elles sont par-tout les mêmes,
par-tout tacitement admises et reconnues, jusqu'à ce
que, le pacte social étant violé, chacun rentre alors
dans ses premiers droits, et réprime sa liberté naturelle en perdant la liberté conventionnelle pour laquelle il y renonça.

Ces clauses bien entendues, se réduisent toutes
à une seule ; savoir, l'aliénation totale de chaque
associé avec tous ses droits à toute la communauté :
car, premièrement, chacun se donnant tout entier,
la condition est égale pour tous ; et la condition
étant égale pour tous, nul n'a intérêt de la rendre
onéreuse aux autres.

De plus, l'aliénation se faisant sans réserve, l'union
est aussi parfaite qu'elle peut l'être, et nul associé
n'a plus rien à réclamer ; car s'il restoit quelques

cial consenti par le peuple. Mais nous voyons qu'après le gouvernement des Juges, lorsque le peuple rejeta ce mode qu'il tenoit de Dieu (ainsi que l'Eternel le dit à Samuel) : « (a) Ce n'est pas toi qu'ils re- » jettent, mais moi, afin que je ne règne » point sur eux »; et qu'il voulut être gouverné comme les autres nations. Dieu lui-même parut céder à ses désirs, et lui permit d'user de sa liberté dans la création de son nouveau gouvernement, et dans l'élection d'un chef par la voix des suffrages, et d'après les règles d'un pacte social.

Le gouvernement que ce peuple adopta, fut celui des rois ; Dieu même en fut mécontent ; et Samuel, dans l'espérance de pouvoir le ramener à l'ancien, et de le dégoûter de ce mode de gouvernement absolu, lui prédit ce que seroient les rois (b), et par quels excès ils envahiroient sa liberté, en vertu de leur pouvoir sans bornes. Samuel ne prétendoit pas cependant que les rois se porteroient tout naturellement, et en vertu de leur souveraine autorité, à tous

---

(a) Livre des Rois, chap. VII, versets 7 et 8.
(b) *Ibid.* versets 11 et suivans.

les excès de la tyrannie, et il n'en inféroit
pas que les rois le pouvoient légitimement ;
mais la sagesse, aidée des lumières de l'Es-
prit-Saint, lui faisoit prévoir tous les abus
qui seroient commis sous le gouvernement
des rois. Malgré ces avis, le peuple répondit : Nous voulons un roi pour nous gouverner. Dieu dit alors à Samuel : Ecoutez
leur demande (a). Nous voyons clairement
que Dieu laissa à son peuple la jouissance
de tous ses droits à se choisir une nouvelle
forme de gouvernement ; mais que voulant
encore être son soutien et son protecteur
immédiat, il daigna choisir lui-même son
roi : néanmoins il laissa à ce peuple le droit
de confirmer et de ratifier son choix, pour
montrer qu'il en avoit reçu le droit de sa
toute-puissance. Pour l'en convaincre, de
l'ordre de Dieu même, Samuel convoqua
l'assemblée du peuple à Maspha, comme
si le roi devoit être élu une seconde fois ;
et le sort étant tombé sur Saül, il fut aussi-
tôt proclamé roi. Les Israélites ayant eu des
preuves de sa valeur en combattant contre
les Ammonites, se rassemblèrent à Galgala,

____

(a) *Ibid.* verset 22.

et le proclamèrent roi une seconde fois ; ce qui prouve incontestablement que la puissance souveraine n'a de bases solides , qu'autant que ses fondemens auront été affermis par le consentement libre et unanime du peuple. Nous voyons, par ce grand exemple, la première de toutes les agrégations politiques dont parle l'Ecriture, qu'il est démontré que l'origine de tout pouvoir légitime est dans le peuple , qui peut en disposer souverainement ; et , pour ne pas multiplier les citations , dont le nombre ne pourroit rien ajouter à la force de cette assertion , nous observerons seulement que Saint Pierre , dans sa première épître , appelle tout gouvernement *la créature de l'homme* (il est ainsi exprimé en hébreu) , ou « *l'œuvre de la main des hommes* », pour prouver que , sous quelque mode qu'il soit établi , il dépend entièrement de la volonté et de l'approbation du peuple.

Sans employer toute la force du syllogisme pour démontrer cette vérité , il est facile de juger de son identité avec la saine raison , en la jugeant par les faits , et en considérant que toutes les nations ont joui du droit de consentir la forme de leur gouvernement, et d'élire leurs rois dans toutes les occasions où, malgré les différens modes de gouvernement et les révolutions, ou enfin par la vacance du trône, on invoquoit toujours le vœu et le consentement du peuple.

Dans les siècles passés, l'Italie offroit beaucoup d'états libres, et seulement un petit nombre de principautés. Aujourd'hui tous les peuples sont soumis à des princes, et à peine on y voit quelques états libres. Le royaume de Naples, malgré le grand nombre de révolutions qu'il a éprouvées, appartient à l'Espagne. Rome obéit au pape, qui n'a sous lui qu'un sénateur, unique et foible image du sénat de Rome !... Venise (a)

____

(a) Vous avez jugé les princes qui, favorisant les délateurs, sacrifioient à des soupçons tout citoyen qu'on accusoit : jugez donc à présent ces nobles qui exercent la souveraineté dans la république de Venise. Si la société a pour objet la sûreté de tous ses membres, doit-elle commencer par répandre une méfiance générale ? Quels que soient les avantages que les nobles Vénitiens pensent retirer de cette politique, ils sont absurdes de vouloir être tous ensemble les tyrans de chacun d'eux en particulier, et de créer des tribunaux pour exercer cette tyrannie. On voit bien que ce gouvernement s'est établi dans

Gênes ont des sénateurs et des doges ;
mais ces derniers n'ont qu'une ombre d'au-

---

des tems où la force régloit tout, n'assuroit rien, et
faisoit une nécessité de prendre toute sorte de précautions. En effet, la souveraineté que les nobles
enlèvent au peuple, est une dépouille qu'ils craignent
de s'enlever les uns aux autres, et ils entretiennent
leurs craintes, faute de savoir se réunir par un intérêt
commun. S'ils ont encore besoin de cette politique,
ils sont à plaindre ; et ils en ont besoin. Il n'y a pas
d'autre moyen pour contenir tous ces nobles, qui,
se regardant comme autant de souverains, exerceroient sur le peuple toute sorte de vexations, et rui-
neroient enfin l'état.

Tout démontre qu'il n'y a point de bon gouvernement sans mœurs, et cependant cette république a banni les mœurs de son gouvernement.
Comme l'aristocratie s'est formée dans des temps où
il n'y en avoit point, et qu'elle a reconnu par expérience combien la corruption étoit favorable à son
affermissement, elle s'est fait un principe de donner la licence en échange pour la liberté ; et elle
laisse une libre carrière à cette licence, pourvu qu'on
ne s'ingère en aucune manière dans les affaires d'état.
C'est un despotisme qui ne se sent affermi qu'autant
qu'il commande à des hommes sans vertus. Pour
distraire donc le peuple de la perte de la souveraineté, il lui permet d'être sans mœurs ; et le peuple
use de cette permission comme d'un dédommage-
ment. D'ailleurs cette licence attire les étrangers,

torité. Florence, Ferrare, Mantoue, Parme et la Savoie n'ont point de sénateurs, mais seulement des ducs, qui sont absolus dans leurs états respectifs. La Bourgogne, la Lor-

---

qu'une trop grande circonspection, devenue nécessaire, ne manqueroit pas d'écarter. Qui tenteroit de vivre dans un gouvernement où le souverain, toujours soupçonneux, ne permet jamais de l'envisager?

Quelques éloges qu'on donne à la république de Venise, c'est un monstre en politique qu'un gouvernement qui a toujours des soupçons, et qui n'a jamais de mœurs : sans soldats, il n'a que des troupes mercenaires. Je dirois même qu'il est sans citoyens; car peut-on nommer citoyens des hommes incapables de porter les armes, et que l'état n'oseroit armer pour sa défense? Les nobles eux-mêmes, se bornant aux fonctions civiles, craindroient de confier le commandement des armées à quelqu'un de leur corps. Mais en vain cette république prend toutes ces précautions; en vain elle force au plus profond silence, pour empêcher que ses délibérations ne transpirent. Qu'importeroit à une puissance qui domineroit en Italie, de savoir ce qui se délibère dans les conseils de Venise?

Cette république, foible par sa constitution, succombera infailliblement, si un ennemi puissant connoît toute sa foiblesse. *Extrait de* L'ABBÉ DE CONDILLAC, *au prince de Parme.*

raine,

combien de vicissitudes les nations
ont éprouvé, sous toutes les formes du

.... esprits changent leur assiette ou leur
point d'observation.

Vous aimez le gouvernement royal; la monarchie
vous semble la seule forme de gouvernement, par
laquelle un état s'avance, d'un pas rapide, vers la
gloire et la prospérité; vous dites qu'il est plus facile,
selon le chevalier *Temple*, dont vous prenez les ex-
pressions, « d'adoucir et de calmer la fureur d'un
homme seul, ou de lui résister, que d'appaiser les soulèvemens d'une populace irritée, ou de lui faire tête.
La fureur d'un tyran ressemble à un feu qui con-
sume peu à peu tout ce qui en est proche, et
qui dévore maison après maison : au lieu que la fureur du peuple est comme une mer qui, venant à
rompre ses digues, se déborde dans tout le pays
avec tant de rapidité et de violence, qu'on n'a pas
le tems de fuir ni de se précautionner, jusqu'à ce
que peu à peu elle se retire, ou qu'un vent vienne
là dessus, qui fasse remonter ses eaux ». Je vous présente une couronne, un sceptre, une épée.

Vous avez la monarchie en horreur; vous la nommez tyrannie; vous démontrez clairement que le gouvernement d'un seul propage les abus, au lieu de les
abolir; enfin vous prouvez que les rois sont fort au
dessous de ce qu'il faudroit qu'ils fussent pour bien
gouverner. Vous répugnez de vous soumettre à un
enfant, et les élections vous font frémir, à cause

gouvernement, libre, ou absolu? Et quoique
les guerres qui les occasionnent, aient con-

---

des convulsions violentes que les états en éprouvent:
alors vous choisissez l'aristocratie; vous assurez que,
sans avoir tous les inconvéniens de la monarchie, elle
en a tous les avantages, et qu'en outre elle est plus
proche de l'homme, qu'elle lui tend une main plus
secourable. La couronne, le sceptre et l'épée ne
sont plus qu'un ornement de forme et d'usage. Ras-
surez-vous, le danger n'exista jamais; on est trop
persuadé de la force de vos raisons, elles sont trop
puissantes, pour n'avoir pas été senties de nos
aïeux; ils ont, comme vous, été convaincus que
l'aristocratie est, de tous les modes de gouvernement, le plus propre à faire jouir les hommes du
bonheur et de la liberté: ils n'ont pas été sans s'appercevoir de toutes les ruses des ministres; l'ambition des courtisans et la propension continuelle du
pouvoir vers le despotisme, tout cela leur a été
connu; ils y ont mis bon ordre.

Mais celui-ci vous traite tous deux d'insensés: le
gouvernement royal, vous dit-il, avilit l'homme, et
le dépouille de ses droits et de sa liberté. L'aristocratie est une tyrannie d'autant plus insupportable,
qu'elle nous retient par plus de liens: dissipez vos
craintes et vos alarmes, je ne vous propose point
une forme monarchique; la couronne n'aura de
prérogatives que celles que vous lui accorderez;
les grands ne vous donneront de loix que celles

... grands événemens, qui ont fait
... une nation entière sous le joug du

... vous-mêmes approuverez. Vos impôts, quoique toujours en augmentant, ne s'accumuleront sur
vous que de votre consentement; vous ne gémirez
que tous ensemble, et lorsqu'il arrivera une cala-
mité, parce que c'est une démocratie, j'y soumet-
trai les grands; ils essuieront vos larmes, mêleront
les leurs à celles du pauvre, admettront à leur fami-
liarité l'artisan et l'ouvrier, protègeront le commerce et chériront le laboureur. ,.. N'appercevez-
vous pas ce cortège? Doutez-vous de sa puissance?
Si vous l'avez pris pour autre chose qu'une démocratie, quelle a été votre erreur? Observez-le de
rechef : non ; je déteste les ministres; ce sont les
oppresseurs du peuple. Je hais les grands; ils bâ-
tissent leurs palais des débris de la maison du pauvre.
Je propose une démocratie ; sa dignité est égale à
celle du bon peuple qu'elle gouverne.

De cette triple forme, il résulte que les impôts
seront proposés avec circonspection d'abord ; le ministre hésitera à en charger le peuple ; cependant
il sera forcé de vous représenter les besoins de l'état,
dont vous êtes membres : le peuple criera ; il en
appellera à ses droits et à sa liberté ; le ministre en
est l'interprète.

Le plus grand ennemi qu'ait aujourd'hui la constitution Anglaise, dit l'abbé de Mably, « c'est la

vainqueur, cependant, au milieu de ces vicissitudes, les nations conservent encore

---

vénalité que les richesses, le luxe et l'avarice y ont introduite. Ce n'est pas par des coups d'éclat et de violence que cette corruption de mœurs domestiques prépare une révolution; elle ne rompra pas avec effort les ressorts du gouvernement; elle les rouille seulement, si je puis parler ainsi, et les carie. Elle agit insensiblement; elle intimide la raison; elle flatte toutes les passions; elle rend insensible au bien public; et des citoyens qui ont l'ame avilie, ont beau avoir des loix pour être libres, ils veulent être esclaves ».

M. le comte de Mirabeau, dans son ouvrage intitulé, *Aux Bataves, sur le Stadhoudérat*, après avoir retracé le tableau des crimes de l'Angleterre envers la république de Hollande, termine par cette apostrophe sublime : « Nation qui ne fut jamais reconnoissante de l'appui généreux que lui prêta deux fois la Hollande contre la tyrannie des Stuart (sous Charles I. et Jacques II.) ; nation où la soif de dominer et celle des richesses ont produit, pour la ruine de toutes les parties du globe, des systêmes d'oppression et de crimes qui auroient révolté les Romains, ces héros du brigandage ; nation qui, poursuivant par-tout la liberté comme une rivale, mériteroit que tous les peuples conspirassent contre elle, si tous les peuples étoient libres, et si la sublime philanthropie de quelques hommes rares ne demandoit grace pour

... le gouvernement. Ce ... par tous les usurpateurs, ... connu que leur puissance se- ... et tyrannique, si le peuple ... établissoit la base par son consentement libre, seul moyen de rendre leur être respectable et leur autorité légitime. Et les rois qui ne l'avoient obtenu que par la violence et par la ruse, ont témoigné le besoin qu'ils en avoient, d'une manière aussi solemnelle que ceux qui étoient élus et proclamés dans les grandes assemblées du peuple.

Que peut-on ajouter à cet aveu tacite, de

---

le ardent patriotisme de leurs concitoyens ! Orgueilleuse nation ! malgré les succès qui l'éblouissent, elle est plus digne de pitié que d'envie ! Depuis long-tems les besoins du trône, soutenus par les besoins du luxe, ont appauvri son esprit public, et desséché les sources de sa prospérité. Trop tôt, hélas ! elle sera réduite, par le dangereux système des contre-poids, à la fatale inertie de la servitude, à moins que les sages de toutes les contrées, touchés des grands exemples qu'elle a donnés à l'univers, et des exemples plus grands qu'elle lui doit, ne se liguent pour lui indiquer un plan de réforme. Les sages représentent ici-bas la Providence ; eux seuls peuvent raviver les états vieillis, «. *Note du Traducteur.*

la part des tyrans et de tous les usurpateurs,
qui établit de la manière la plus authenti-
que, que, « de droit, le peuple est la source
» de toute puissance légitime. » ?

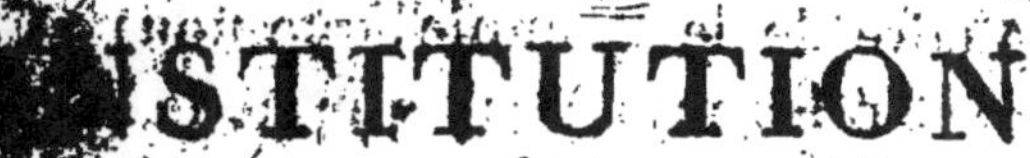

CONSTITUTION
D'UN
ÉTAT LIBRE.

QUATRIÈME PARTIE.

Erreurs de gouvernement, et règles de politique.

JE viens de démontrer que le peuple est l'arbitre de son gouvernement, et qu'il ne peut y avoir de puissance légitime, si elle n'émane du peuple. J'ai aussi prouvé que le gouvernement, qui donne et qui assure au peuple la suprématie, afin qu'il jouisse de ses avantages dans les assemblées solennelles, composées de citoyens envoyés par un choix libre, successif et régulier, est supérieur à tous les autres modes de gouvernement. Il convient maintenant d'observer et de relever les erreurs politiques, où la plupart des pays du monde (et particulièrement ceux qui suivent la doctrine du Christ) sont restés plongés, afin que, lorsque nous aurons pénétré dans le sanctuaire de la tyrannie, que nous en aurons révélé les mystères, que nous l'aurons dépouillée de ses charmes perfides et de sa robe éclatante, les nations policées chassent ce monstre dans les contrées les plus barbares.

La première erreur que je découvre dans l'ancienne politique des états chrétiens, et qui a en effet servi de base à la tyrannie, *c'est cette division corrompue en état civil et ecclésiastique* (*a*) ; cette division véritablement absurde, a été admise

---

(*a*) Auguste avoit senti, comme Jules César, que le trône ou la souveraineté étoit toujours en danger, lorsque l'esprit des peuples est subordonné par une autorité différente de celle du souverain, et plus respectable en apparence que l'autorité civile. Ils crurent donc devoir se garantir de cette puissance. Le seul moyen étoit de se mettre eux-mêmes à la tête de ceux qui prêchoient la religion, et qui devenoient les interprètes des volontés du Ciel. Il est étonnant que les princes, qui ont dû savoir combien de fois les souverains ont été renversés du trône, non par la vraie religion, mais par la superstition, n'aient pas eu la politique des empereurs du Pérou, ou celle des empereurs Romains. *Voyez Lettres Américaines, par le comte* J. R. CARLI, *tome* 1, *page* 104. *Note du Traducteur de ces Lettres.*

...rains qui, de nos jours, ont étudié la politique, et qui en ont traité avec
le plus de succès, avec autant de confiance
que tous ceux qui les avoient précédés.
Cependant aucun d'entre eux n'a encore
prouvé qu'il y ait un seul passage dans
l'Ecriture, qui prescrive aux Chrétiens de
suivre une semblable division de gouvernement, ou qui permette l'établissement
d'un pouvoir *ecclésiastique*, qui est la base
de cette division ; tandis que la morale de
l'Evangile est évidemment contraire à ce
principe. Nous lisons, à la vérité, que la
république d'Israël fut ainsi divisée, par
l'ordre immédiat de Dieu ; mais alors c'étoit
la volonté de Dieu de se choisir un peuple,
et de donner une forme nationale à son
église, en faveur de ce même peuple, à
l'exclusion de tous les autres. Néanmoins,
si quelqu'un ose avancer qu'il convient à
toutes les nations soumises à l'Evangile,
de suivre ce modèle, il faudra qu'il prouve
d'abord, que la volonté de Dieu a été que
le mode du gouvernement Juif nous servît
de règle à nous qui suivons l'Evangile ; et
après s'être avancé jusque là, il faudra
qu'il prouve ensuite que ce mode doit être

adopté en son entier , ou seulement en quelques points. Aucun homme raisonnable n'a jamais prétendu que l'on dût le suivre en tout ; et si l'on doit le préférer dans certains cas, il s'agit de trouver dans l'Ecriture , des règles ou des commandemens qui indiquent ce qu'il faut en prendre et ce qu'il faut en rejeter : autrement il ne parviendra jamais à démontrer que la république d'Israël fut établie , soit dans son ensemble , soit dans les diverses parties de sa constitution , pour servir de modèle à des Chrétiens. Mais ceux qui prétendent établir une église nationale , n'ont jamais essayé de s'appuyer sur l'Ecriture.

Si donc on réfléchit sérieusement sur le dessein de Dieu , en envoyant son Fils. parmi nous , on verra que ce n'étoit que pour mettre fin à la pompe du gouvernement Juif , afin que l'étroite enceinte qui avoit auparavant renfermé son église et son peuple , fût détruite , non que toutes les nations ensemble , ou quelques nations en particulier, dussent former une église ; car le peuple de Dieu , qui reconnoît aujourd'hui son église , ne doit pas former un corps politique , mais un corps spirituel

il ne consiste pas dans un
nombre de personnes réunies au
hasard dans une assemblée choisie
et bien ordonnée, dont les membres seront
appelés et sanctifiés ; ce ne peut être une
société dans laquelle on seroit engagé par
des loix dictées par l'intérêt personnel, ou
par des considérations humaines, et par
l'esprit du siècle ; mais au contraire, une
société de ceux qui sont attirés par le
pouvoir et l'effet de la parole et de l'esprit
de J. C., qui a dit lui-même : *Mon royaume
n'est pas de ce monde, il n'est pas d'ici-
bas.* Ceux donc qui ont osé jusqu'ici établir sur plusieurs nations un pouvoir *ecclésiastique*, rival tout-puissant du pouvoir civil, et dominer en forçant les
consciences de reconnoître certaines idées
comme orthodoxes, à peine d'encourir la
rigueur des loix civiles, sous le prétexte
spécieux de prudence, de bon ordre, de
discipline, afin de prévenir les funestes
effets de l'hérésie, en contribuant à étendre le royaume de Dieu, et qui, pour cet
effet, ont confondu le pouvoir spirituel
(c'est ainsi qu'on l'appelle) avec l'intérêt
terrestre et temporel de l'état ; ceux-là,

dis-je, sont et ne doivent etre considérés
que comme de véritables antechrists ; ils
sont, comme lui, ennemis de la doctrine
du Sauveur, dont le royaume, le gouvernement, les ministres, les juges, les loix
et les ordonnances, n'étant point de ce
monde (je veux dire *jure humano*), ne
peuvent jamais dépendre des principes ni
de la sagesse humaine.

Ce fut sur ce fondement, et à l'aide de
ce prétexte, que l'iniquité foible, mais
déja pleine d'artifice, commença son œuvre
impie dans l'enfance du christianisme. L'indulgence de Constantin lui laissa prendre
une nouvelle force, qui alla toujours en augmentant. Cet empereur et ceux de ses successeurs qui embrassèrent le christianisme,
et dont Dieu se servit pour détruire l'ido-
lâtrie, se laissèrent emporter par leur zèle
(par une permission divine) ; et les lumières
de leur esprit furent tellement éblouies
par les persuasions et par les argumens cap-
tieux dont les prélats et les évèques se servirent, avec un art infini, pour favoriser
leurs projets, que ces empereurs ne purent
appercevoir avec quelle rapidité et avec
quelle énergie le serpent avançoit à pas

tortueux

[...]mbre du mystère ; car Satan
[...] un nouveau rôle, qu'il rem-
[...]nière suivante. Ce lion rugis-
[...] toujours habile à profiter des circons-
[...]tances, sema, dans une grande partie du
monde, des erreurs très-dangereuses, afin
de fournir aux prélats l'occasion et les
moyens de parvenir à leurs fins. Ils les com-
battirent, en publiant qu'il importoit à la
gloire de Dieu que ces erreurs fussent dé-
racinées, et qu'ils devoient en prévenir les
funestes progrès. Ils obtinrent donc, sous
ce prétexte, une autorité rivale de la puissance civile, et qui n'en étoit qu'une éma-
nation. Bientôt, pour s'en assurer à jamais
la jouissance, ils osèrent rendre le nom de
[...] commun à toutes les nations en
les baptisant, persuadés que, sous le même
[...] d'extirper les erreurs dont ils pour-
[...]oient accuser les prosélytes conquis, ils
[...]oient par-tout le droit de partager l'au-
[...]té des magistrats ; qu'ils soumettroient
[...] tribunaux à leurs caprices, et que les
[...] et les juges seroient les complices et
les instruments de leur fureur et de leur
ambition exclusive, insatiable et usurpa-

trice (*a*). Ainsi ils s'efforcèrent d'affermir leur autorité, et ils parvinrent à en perpétuer les abus et tous les excès. Ces vils esclaves de Satan s'écartèrent de plus en plus avec la série des siècles, de la morale qu'ils enseignoient, et qui avoit été, dans son principe, une doctrine de paix, d'amour, d'union et de charité.

C'est ainsi que l'iniquité, couverte du bandeau de la religion, acquit en peu de tems un pouvoir capable d'assurer le succès de son œuvre impie (soit que sous ce nom on veuille, avec quelques personnes, désigner le pape); c'est ainsi, dis-je, que Satan parvint à couronner le grand projet que sa malice préparoit depuis si long-tems. A peine les prélats eurent obtenu ce degré de puissance qui les élevoit au dessus des magistrats, que la division se mit entre eux, pour savoir celui qui méritoit la préséance et la supériorité sur ses égaux. Elle fut, après bien des contestations, déférée à l'évêque de Rome ; et d'abord les prélats

____

(*a*) La superstition est toujours prête à tourner à son profit les passions qui ont le plus d'influence et d'énergie. ROBERTSON.

mentde réunir toutes les églises
sous l'obéissance d'une mère-
toutes les nations. Les progrès
de l'église de Rome doivent
paroître bien étonnans sans doute. Un
colosse aussi monstrueux fait un contraste
admirable avec la foiblesse qui accompagne
toutes les institutions, si nous les considérons dans leur origine (*a*). Les prêtres
étant parvenus à ce haut degré de gloire
qui les associoit, aux yeux du peuple, à la
toute - puissance divine, on les vit, la
cloche, l'évangile et un cierge à la main,
défier l'univers, excommunier et déposer
les rois et les empereurs, et, sous le prétexte d'extirper l'hérésie, contraindre les

(*a*) Les évêques de Rome avoient de bonne heure
manifesté la prétention la plus hardie qu'ait jamais
inspiré l'ambition humaine, celle d'être les chefs
suprêmes et infaillibles de l'église chrétienne. Leur
politique profonde et leur constance infatigable,
leur habileté à profiter de toutes les occasions favorables pour se prévaloir de la superstition de quelques
princes, des besoins de quelques autres, et de la crédulité des peuples, les avoient enfin mis en état de
faire valoir et succès cette prétention, quelque op-
posée qu'elle fût à la raison et à l'intérêt général.
ROBERTSON.

consciences à se soumettre, sans examen, à leurs décisions arbitraires ; quelque dangereuses, féroces, tyranniques et impies que pussent être ces décisions, ils firent un mélange odieux de la foi des premiers chrétiens, avec toutes les erreurs de la tradition. Vit-on jamais, dans l'univers, proférer des blasphêmes, enfanter des erreurs, produire des hérésies, dont les suites pussent être plus pernicieuses (a)?

Nous avons vu par quels prestiges et par quelle série de moyens les prêtres parvinrent à ce haut dégré d'élévation et d'autorité, et combien ils en abusèrent. Observons maintenant les difficultés qu'il fallut surmonter, pour les dépouiller d'une partie de cette puissance usurpée au nom de Dieu ; quelle commotion dut causer la

---

(a) Que pouvoit-il y avoir de plus propre à dépraver les mœurs, et à anéantir parmi les hommes toute espèce de courage et d'énergie? Sous cet empire absolu des prêtres, qui confondoit toutes choses ; qui les déprimoit ou les consacroit, selon le caprice du Vice-Dieu, l'esprit humain fut asservi ; et, dans cet état d'avilissement et d'opprobre, toute sa dignité, sa puissance et sa grandeur furent comme ensevelies. *Note du Traducteur.*

hardiesse avec laquelle Luther osa, le premier, attaquer les fastueux priviléges des
évêques. L'Angleterre ne fut pas moins
agitée, lorsque nos premiers réformateurs
commencèrent à répandre leurs opinions
sur toutes les erreurs de son église. Combien ceux qui entreprirent ce grand ouvrage
mériteroient nos éloges, et qu'ils en seroient dignes, si, en détruisant la tyrannie
actuelle du pape (a), ils n'en avoient pas
laissé subsister le germe et les principes,
en conservant cette union fatale de la puissance ecclésiastique et civile ! Les évêques
confondirent de nouveau leurs intérêts avec
ceux de la couronne, sous le prétexte de
maintenir et de protége la religion Protestante ; ils persécutèrent avec acharne-

_____

(a) La religion Romaine est remarquable pour
l'empire qu'elle prend sur les ames. Guidée par des
hommes qui avoient une parfaite connoissance du
cœur humain, et améliorée par l'expérience et des
observations continuées pendant plusieurs siècles, elle
est à la fin parvenue à un dégré de perfection qu'aucun des systêmes précédens de religion n'avoit jamais
pu atteindre. Elle sait présenter avec art les objets
les plus capables de remuer toutes les facultés de
l'ame, d'intéresser toutes les passions du cœur.
ROBERTSON.

ment ceux qu'ils appeloient *Puritains*, seulement pour cette raison qu'ils préten-doient que les *Puritains* étoient moins orthodoxes que ceux qui avoient embrassé leurs opinions.

Si nous considérons enfin que la plupart des dissentions et des guerres qui ont agité l'Europe, ne doivent leur origine qu'à ce mélange des intéréts du clergé avec la puissance civile, on conclura sans peine que la division d'un état en pouvoir ecclésiastique et civil, est en effet une des principales erreurs qui se trouvent dans la politique chrétienne (*a*).

Une seconde erreur que nous observons, et qui est commune à toutes les

***

(*a*) La réformation qui avoit donné du ressort à l'esprit humain, qui avoit éclairci ses idées sur la religion, avoit aussi inspiré aux hommes des sentimens plus nobles et plus généreux par rapport au gouvernement civil. Le génie du papisme est très-favorable au pouvoir des princes ; cette soumission aveugle, que la cour de Rome exige pour tous ses décrets, terrasse les ames et les prépare au joug politique de la servitude, pendant que les dogmes des réformés sapoient la tyrannie par ses principaux fondemens, en renversant le systéme établi de superstition. ROBERTSON.

formes de gouvernement, c'est que dans
tous les tems, et aussi souvent que le
peuple a fait quelques changemens dans
le mode de son gouvernement, on a négligé d'examiner si la tyrannie que l'on
venoit de détruire, et qui avoit forcé le
peuple à changer son gouvernement, ne
se reproduiroit pas avec plus d'énergie sous
la forme nouvelle de l'administration. Il
n'est donc pas étonnant que, quels qu'aient
été les changemens que l'on a vu s'opérer
dans les différens modes du gouvernement
des nations, la tyrannie se soit perpétuée
avec les siècles. Et si toutes les nations en
ont éprouvé les orages et la fureur, on doit
en attribuer la cause au peu de soin des
législateurs, qui ne s'appliquèrent pas avec
assez de sagesse et de prévoyance à en détruire la cause et les principes.

En effet, si nous examinons ce qui s'est
passé chez les peuples anciens, nous verrons que les principes d'une monarchie
absolue, et tous les maux qui en résultent,
ont, dans tous les tems, excité les justes réclamations des peuples ; que leur situation
continuoit à être également insupportable,
de quelque manière qu'ils établissent le

mode de leur gouvernement. Et c'est une vérité démontrée par l'expérience de tous les siècles, que le despotisme, ou le système absolu de la monarchie, peut résider dans les mains de plusieurs personnes qui se partagent la souveraine puissance, avec autant de succès et les mêmes malheurs que sous le gouvernement d'un seul homme.

On entend ordinairement par monarchie absolue, une puissance illimitée, qui n'est soumise à aucune censure, laquelle est exercée par une seule personne qui commande A TOUS de la manière la plus indépendante, sans avoir égard aux représentations et aux avis de qui que ce soit; qui ne connoît de loi que sa suprême volonté : il lui suffit de prononcer ces mots, *Je le veux ! je l'ordonne !* pour être obéie *(a)*.

(a) C'est toujours à ce mode de gouvernement absolu et dépravé, que l'on doit rapporter tout ce que dit notre auteur, lorsqu'il parle du gouvernement monarchique. On feroit une application dénuée de toute vraisemblance, et véritablement odieuse, si toutes les raisons et toutes les conséquences qui résultent du système d'indépendance, sur lequel NEEDHAM établit les bases de la prospérité et de la félicité d'un ÉTAT LIBRE, pouvoient servir de pré-

Et, quoique les sophistes en politique aient constamment déguisé la rigueur et les prin-

---

textes ou de moyens pour calomnier le mode actuel du gouvernement Français. Dans la première partie de cet ouvrage, j'ai déféré au sentiment de M. de Peyssonel, qui a dit très-éloquemment : « *Le genre humain ne devroit se souvenir que de ses bienfaiteurs* »; et cette seule raison m'a déterminé à laisser descendre toute entière dans la tombe, la horde de brigans dont la haute scélératesse et dont l'abjection !... de ces brigans qui nourrissoient tous les crimes, qui revêtoient toutes les vertus, dont la vie a été un mélange continuel et de ces vices qui naissent dans le repaire infect et corrompu d'une ame avilie, et de ces crimes dont le rendez-vous est d'autant plus inévitable, que la route en fut tracée par le sang des victimes !...

Je ne pense pas qu'il me soit nécessaire d'observer au lecteur, que tous les reproches de Marchamont Needham contre l'église Romaine, ne doivent porter que sur les abus et sur les attentats qui ont été commis au nom de la religion, et que des papes ambitieux firent servir si utilement à leurs desseins. Le lecteur distinguera sans peine qu'il y auroit une grande injustice à accuser la religion chrétienne de tous les excès commis pour le soutien de la vérité de ses dogmes, pour la sainteté de sa doctrine et de sa morale, et sous le prétexte spécieux de la propager ou de la défendre contre des ennemis toujours moins à craindre que les passions de ceux qui com-

cipes de ce mode, qui donne à un seul homme une autorité dont ils changent la forme autant de fois qu'ils s'apperçoivent que son essence est connue. Néanmoins, quels que soient leurs efforts pour parvenir à nous persuader que le principe en a été détruit, et malgré toute leur adresse et leur artifice, on s'est facilement apperçu qu'au milieu des changemens différens, survenus dans le mode du gouvernement des peuples, la réalité de la tyrannie se reproduisoit sans cesse sous l'apparence des contraires. Combien donc il importe à des hommes qui jouissent des avantages infinis attachés à un ETAT LIBRE, de connoître les ruses dont on pourroit se servir pour les abuser et les égarer ? Car, si d'un côté nous leur annonçons par quels moyens ils parviendront à se maintenir dans une aussi heureuse situation, en même tems que nous examinons les piéges adroits à l'aide desquels leurs ancêtres ont été amenés sous la verge des tyrans, ils n'en deviendront

---

battoient au nom d'une religion sainte, qui la calomnioient d'une façon si odieuse et si révoltante. *Note du Traducteur.*

[peupl]és pour se conserver dans la [...] et ils ne négligeront rien pour [mettre l]es choses dans un ordre si sage, [qu'ils soient] assurés que le second malheur ne se reposera jamais sur la tête de leurs [descend]ans (a), quels que puissent être [les] ruses et le pouvoir des nouveaux parti-[s]ans du despotisme.

Lorsqu'Athènes se fut affranchie du joug [des] rois, nous observons qu'elle ne diminua en rien les inconvéniens de l'autorité royale; ils subsistèrent en entier sous les différens

---

(a) Sous le monarque, il est une ombre de jus-[tice;] la législation fait quelques pas; des idées de [liberté se] développent; le nom d'esclave est changé [en] celui de sujet. Sous la suprême volonté du des-[pote, ce] n'est que terreur, bassesse, flatterie, stu-[pidité,] superstition. Cette situation intolérable cesse [par] l'assassinat du tyran, ou par la dissolution de [l'empire], et la démocratie s'élève sur ce cadavre. [Alors,] pour la première fois, le nom sacré de patrie [se fait] entendre; alors l'homme courbé relève sa [tête et se] montre dans toute sa dignité; alors les [fastes se] remplissent de faits héroïques; alors il y a [des pères], des mères, des enfans, des amis, des [concitoy]ens, des vertus publiques et domestiques; [alors les] loix règnent, le génie prend son essor, les [sci]ences naissent, les travaux utiles ne sont plus [utiles.] RAYNAL.

modes de gouvernement que l'on substitua à la forme monarchique. Les rênes du
gouvernement ayant été remises entre les
mains de dix gouverneurs et de ceux
connus sous le nom des TRENTE TYRANS,
les uns et les autres prouvèrent aux Athéniens, que, quel que fût le nombre des
dépositaires de l'autorité, ils l'exerceroient
avec autant d'empire qu'un seul monarque,
soit en privant le peuple de ses droits à
participer, par ses avis, dans la création
des loix, et à les sanctionner, soit en dé-
clarant que la souveraineté dont ils jouissoient étoit exempte de toute censure. Ils
ne se furent pas arrogé le droit dangereux
de n'être responsables envers qui que ce
soit, que dans l'exercice de leur autorité
ils ne connurent aucunes bornes. Sous un
pareil despotisme, la condition des Athéniens étoit infiniment plus insupportable
qu'elle ne l'avoit jamais été sous les rois :
en effet, ces princes étoient surveillés par
des censeurs, et les assemblées du sénat
pouvoient, en leur représentant les fautes
qu'ils auroient pu commettre, les porter à
s'en corriger; mais ces nouveaux gouverneurs, qui ne voyoient personne au dessus

yeux, se livroient sans pudeur à tous les excès que l'on doit attendre de gens revêtus d'une autorité sans limites. L'expérience des maux qui en résultoient tous les jours, dessilla les yeux du peuple, qui s'apperçut que tous ces changemens étoient autant de ruses employées avec succès par les partisans de la monarchie, pour en perpétuer la puissance et la durée, quoiqu'ils affectassent de vouloir l'anéantir.

On ne trouva d'autre moyen pour rendre inutiles des efforts si bien concertés, que celui de déposer ces magistrats, et de leur substituer des assemblées nationales, dont les membres seroient élus régulièrement et successivement pour tenir les rênes du gouvernement. Qui auroit présumé que cette sage disposition ne suffiroit pas pour ôter aux partisans de la monarchie toute espèce de moyens et d'espérance? Mais, hélas! les Athéniens furent bientôt convaincus du contraire. Ayant négligé de s'attacher constamment aux principes fondamentaux d'un état libre, ils se laissèrent persuader par les prétextes spécieux dont on se servit pour leur prouver que leur situation exigeoit qu'ils confiassent à quel-

ques particuliers l'exercice de leur puissance. Il n'y eurent point consenti, que ces
nouveaux agens se formèrent des partisans,
se perpétuèrent dans leurs places ; bientôt
ils furent en état d'agir indépendamment
du peuple, ce qui fut la marque du plus
profond mépris : le peuple qui les avoit
élevés à ce haut rang, éprouva la honte que
son avis ne lui fut jamais demandé ; ils le
méprisoient à ce point ! Ce fut alors qu'on
vit non seulement discontinuer, mais encore abolir dans Athènes les assemblées
générales.

Rome ne fut pas plus heureuse dans
toutes les altérations de son gouvernement.
On vit naitre les mêmes désordres, causés
par la ruse, l'ambition et la scélératesse des
grands. Avec quelle facilité le peuple s'est
toujours laissé tromper ! Lorsque les Tar-
quius furent chassés, ainsi que l'ont observé
Tite-Live et plusieurs autres historiens, le
nom de roi fut banni avec eux ; le pouvoir
et le système de la royauté furent conservés
par le sénat, et possédés par les consuls.

Si l'on excepte le viol de Lucrèce,
ces derniers magistrats furent aussi coupables que les rois ; ils avoient accusé les

... de tout soumettre à leur caprice
... de ne plus prendre les avis du sénat, ce
... ...rdoient avec raison comme la
... ... du pouvoir arbitraire ; mais le
... ... oubliant bientôt de quels crimes
il ... accusé les rois, se livra aux mêmes
erreurs, en se créant un pouvoir absolu,
héréditaire, et à l'abri de toute censure.
Le peuple, dont il avoit défendu les priviléges, et qu'il affectoit de protéger, ne
put obtenir aucune part dans l'administration ; on ne le consulta point comme on
auroit été obligé de le faire, si le peuple
avoit eu l'attention d'exiger qu'il fût établi
des assemblées successives ; ainsi les droits
... ...liens, dont on avoit dépouillé un seul
homme, furent de nouveau conservés entre
... mains d'un nombre de citoyens. Cette
... ...ervation n'est pas échappée aux Romains ; et Tite-Live, dans le second livre de
... décades, ainsi que dans tout le cours
de son histoire, dit que les sénateurs n'a-
... ...nt pas créé des consuls, *cùm à patri-
bus... non consules, sed carnifices*, mais
des bourreaux et des tyrans pour vexer et
déchirer le peuple, par l'abus qu'ils firent
de leur puissance. Et, dans un autre pas-

sage du même livre, il ajoute : *Consules, im-moderatâ infinitâque potestate omnes me-tus legum ;* et les consuls, ayant un pouvoir sans limites, faisoient trembler le peuple par l'appareil effrayant des loix et des châtimens qu'ils prononçoient contre lui ; ils étoient d'autant plus assurés de l'impunité, qu'ils ne rendoient compte de leurs actions qu'à eux et à leurs collègues.

Au gouvernement des consuls succéda celui des décemvirs, qui avoient uni la puissance sonsulaire à l'autorité royale : *Cum consulari imperio ac regio, sine provocatione.* C'étoit, dit le même auteur dans son troisième livre, dix monarques absolus, qui rendirent la misère dix fois plus affreuse qu'elle ne l'avoit été sous les rois et sous les consuls. Il fallut y remédir : en conséquence ces dix chefs furent déposés, et on créa d'abord la dictature, espèce de souveraiueté indépendante, que les circonstances faisoient paroître et disparoître ; et ensuite des tribuns du peuple, comme des officiers dont l'autorité et la prudence seroient suffisantes pour s'opposer efficacement au rétablissement de la monarchie, aussi long-tems qu'ils seroient soutenus par

l'autorité

l'autorité des assemblées successives et périodiques de la nation. Rien de plus admirable que cet ordre, s'il eût été constamment observé. Mais le peuple fut encore trompé par une suite de sa négligence, et de la trop grande confiance qu'il avoit mise en ceux qui lui paroissoient zélés pour sa gloire ; car, lorsque le peuple s'écarta des loix d'un état libre, qu'il négligea de s'y soumettre (avec autant d'indifférence que si la liberté n'étoit pas inséparable de l'exacte observation de ces loix, et comme s'il étoit possible de conserver la liberté dans ce mode de gouvernement, sans la chérir, ce qui arriva en continuant trop long-tems la dictature), alors on vit renaître le système de la monarchie, comme sous Sylla, César, et les autres. On le vit encore, lorsque le commandement des armées fut continué sans interruption aux mêmes généraux, comme Marius, Cinna, et Pompée lui-même, qui se souvint de la perfidie des deux triumvirats, dont les membres, sous les noms de consuls, de dictateurs, ou de tribuns du peuple, s'étoient portés à tous les excès les plus odieux qui puissent être commis dans une monarchie absolue.

Tome II.

D

L'histoire nous apprend que la république de Florence, lors même qu'elle paroissoit le plus jouir de sa liberté, ne put
jamais détruire dans l'esprit du peuple, un
penchant à la monarchie; on y voyoit toujours germer le systéme affreux du despotisme. Il se trouva toujours dans son sénat, ou parmi le peuple, quelques audacieux
qui, n'écoutant que leur ambition téméraire, osoient tout tenter pour parvenir à
se former un pouvoir absolu , à l'aide de
la faveur du peuple. On en voit des exemples
frappans dans la conduite du moine Savanarola, de Soderino, et des Médicis. De nos
jours , cette dernière famille l'a réduite
enfin sous le joug d'une monarchie absolue,
en prenant le nom de Duc.

Nous ne pouvons nous dissimuler , et
tout le monde voit avec nous , combien la
république des Provinces-Unies a aujour-
d'hui d'affinité, par le despotisme qui s'y
est établi, avec une monarchie absolue. (a).

____

(a) Chose remarquable ! dans quelque époque
qu'on veuille considérer l'histoire des provinces Bel-
giques, c'est plutôt l'histoire des Bataves, que celle
de leur rois, de leurs ducs, de leurs comtes, de
leurs stadhouders. Par-tout , dans cette histoire ,

Si donc il résulte de tout ce que je viens de dire, qu'un consul ou un dictateur n'est qu'un monarque déguisé ; que le despotisme peut se propager dans l'administration de plusieurs personnes, comme dans celle d'un seul individu ; que ce système odieux s'est reproduit sous toutes les formes que l'on a données au gouvernement, et que tous les changemens survenus dans les états ont été insuffisans contre les ruses et la férocité, et contre les tranquilles, profondes et ténébreuses machinations des partisans de la tyrannie ; si les législateurs, malgré toute leur sagesse pour en prévenir la renaissance et les progrès, ont reconnu que l'esprit public et l'amour de la liberté n'avoient aucunes bases solides

---

c'est la nation qui figure ; représentée par ceux qu'elle honore du titre de ses députés, elle fait la guerre ou la paix, promulgue ou abroge les loix, et resserre ou étend à son gré le pouvoir qu'elle confie à ses mandataires.

Qu'il est glorieux pour un peuple de ne se laisser gouverner que par des loix et des magistrats de son propre choix ! qu'il est doux de n'avoir à marcher que sur les traces de ses pères ! *Aux Bataves, sur le stadhoudérat ; par le* COMTE DE MIRABEAU.

D 2

chez un peuple qui pourroit cesser d'être jaloux et empressé de s'opposer aux empiètemens combinés des différentes espèces de pouvoir : combien il importe à un peuple qui jouit de sa liberté, de ne s'écarter jamais des règles d'un état libre? C'est ainsi, et seulement par ce moyen, qu'il pourra s'opposer au despotisme d'un seul ou de plusieurs tyrans, et qu'il évitera les conséquences si dangereuses de la seconde erreur en politique que je viens de combattre, et contre laquelle il doit se servir de toute son énergie et de sa prudence, afin de n'être jamais surpris par les agens du pouvoir arbitraire. Le citoyen doit encore conserver le plus profond respect pour ces grands hommes qui, en établissant les républiques, ont fermé à la tyrannie toutes les voies par lesquelles on pourroit tenter de l'y introduire ; qui ont affermi la liberté des peuples, et conservé l'autorité dans les grandes assemblées régulières et successives de la nation, seules dépositaires de la souveraine puissance.

La troisième erreur en politique, que nous devons faire observer, et qu'on doit éviter avec soin dans un état libre, con-

laisser ignorer au peuple les moyens essentiellement nécessaires pour la conservation de sa liberté. Jusqu'à ce jour, la pratique constante des grands, soit de l'église ou du siècle, a été d'exiger des hommes de toutes les classes, et sans distinction, à l'égard de leurs supérieurs, une foi implicite et une obéissance aveugle : c'est par ce moyen qu'ils se sont partagé entre eux toute l'autorité ; car, quoiqu'il se soit autrefois élevé de grandes querelles entre les rois et le clergé, pour régler les limites de leurs jurisdictions respectives (*a*),

----

(*a*) Tandis que les mesures, toujours flottantes, des autres gouvernemens, varioient sans cesse dans leurs principes et dans leur objet, l'église dirigeoit constamment ses vues vers un même point ; et ce fut à cette constance invariable qu'elle dut ses succès dans les entreprises les plus hardies qui aient jamais été formées par l'ambition humaine.... Ce fut à la cour des papes, que la finesse et l'adresse dans les négociations furent pour la première fois réduites en système ; et pendant tout le seizième siècle, Rome fut regardée comme la meilleure école pour apprendre cette science..... Comme la suprématie spirituelle se trouvoit réunie avec la puissance temporelle, dans une seule personne, ces deux pouvoirs se prêtèrent une force mutuelle dans leurs opérations, et se trouvèrent enfin si étroitement liés l'un

néanmoins on est forcé d'avouer que les deux parties se sont conduites d'une manière si mystérieuse, que le peuple n'est jamais parvenu à bien connoître de quel côté étoit le bon droit, ni sur quels fondemens la prérogative pouvoit être contestée avec quelque apparence de raison. Ainsi les rois et les grands affermirent de plus en plus les bases de leur autorité ; ils en rendirent les principes respectables, en confirmant eux-mêmes la grandeur des papes qui avoient consacré leurs attentats

---

à l'autre, qu'il ne fut plus possible de les séparer, même idéalement. La connoissance de cet avantage fut ce qui encouragea des pontifes ambitieux à former des entreprises extravagantes en apparence; ils espéroient que si leur puissance temporelle n'étoit pas suffisante pour assurer le succès de ces entreprises, le respect que l'on conservoit pour leur dignité spirituelle les mettroit en état d'en sortir avec facilité et même avec honneur : mais lorsque dans la suite les papes se mêlèrent plus fréquemment dans les querelles des souverains, et s'engagèrent, comme parties principales, ou comme auxiliaires, dans toutes les guerres qui s'élevèrent en Europe, la vénération qu'on avoit pour leur caractère sacré commença à s'affoiblir par degrés, et s'éteignit bientôt. Robertson.

... droits imprescriptibles des na-
... se servant de cette maxime:
L'IGNORANCE EST LA MÈRE DE
...

... la conduite et les opinions d'un
... qui a fait la conquête de sa liberté,
... doivent être différentes (a)!

Un peuple libre doit connoître en quoi
... consiste cette liberté (b) dont il jouit; il

(a) C'est une triste vérité dans les annales du
monde, que le despotisme est presque inattaquable
... qu'il a fait quelques progrès. Vainement alors
... on les chaînes sous lesquelles un peuple
... Des hommes abrutis par l'esclavage n'ont
... de vertu pour recevoir la liberté; ils ne
... de maître que pour baisser la tête sous un
... Quelque vicieux que soit un gouver-
... s'y accoutume; il excite l'indignation,
... ose le braver. Le mépris et la colère sont
... surmontés par la crainte et l'amour du repos.
... les plus vertueux oublient, dans cette ca-
... heureuse, que la prudence de l'opprimé, la
... du foible, c'est la témérité. *Aux Bataves.*

(b) La liberté est la propriété de soi. On dis-
... trois sortes de libertés: la liberté naturelle,
... civile, et la liberté politique; c'est-à-dire
... liberté de l'homme, celle d'un citoyen, et celle
... peuple. La liberté naturelle est le droit que
... nature a donné à tout homme, de disposer de

doit se la représenter sous les formes les plus agréables, afin d'avoir pour elle un

---

soi à volonté. La liberté civile est le droit que la société doit garantir à chaque citoyen, de pouvoir faire tout ce qui n'est pas contraire aux loix. La liberté politique est l'état d'un peuple qui n'a point aliéné sa souveraineté et qui fait ses propres loix, ou est associé en partie à sa législation.

La première de ces libertés est, après la raison, le caractère distinctif de l'homme. On entraîne et on assujettit la brute, parce qu'elle n'a aucune notion du juste et de l'injuste, nulle idée de grandeur et de bassesse. Mais en moi la liberté est le principe de mes vices et de mes vertus. Il n'y a que l'homme libre qui puisse dire, JE VEUX OU JE NE VEUX PAS, et qui puisse par conséquent être digne d'éloge ou de blâme.

Sans la liberté ou la propriété de son corps et la jouissance de son esprit, on n'est ni époux, ni père, ni ami; on n'a ni patrie, ni concitoyen, ni Dieu. Dans la main d'un méchant, instrument de sa scélératesse, l'esclave est au dessous du chien que l'Espagnol lâchoit contre l'Américain; car la conscience qui manque au chien, reste à l'homme. Celui qui abdique lâchement sa liberté, se voue aux remords et à la plus grande misère qu'un être pensant et sensible puisse éprouver. S'il n'y a sous le ciel aucune puissance qui puisse changer mon organisation et m'abrutir, il n'y en a aucune qui puisse disposer de ma liberté. Dieu est mon père, et non pas mon maître. Je suis son enfant, et non son es-

zèle ardent et jaloux, qui croisse de jour
en jour ; il faut que ce zèle ardent soit

***

slave. Comment accorderois-je donc au pouvoir
de la politique ce que je refuse à la toute-puissance divine ?

Dieu a imprimé au fond du cœur de l'homme cet
amour sacré de la liberté ; il ne veut pas que la servitude avilisse et défigure son plus bel ouvrage. Si l'a-
pothéose est due à l'homme, c'est à celui, sans
doute, qui combat et meurt pour son pays. Mettez
son image dans vos temples, et ce sera le culte de
la patrie. Formez un calendrier politique et religieux, où le jour soit marqué par le nom de quelqu'un de ces héros qui aura versé son sang pour
vous rendre libres. Votre postérité les lira un jour
avec un saint respect ; elle dira : Voilà ceux qui ont
affranchi la moitié du monde, et qui, travaillant à
notre bonheur quand nous n'étions pas encore,
ont empêché qu'à notre naissance nous n'entendis-
sions des chaînes retentir sur notre berceau.

Le nom de liberté est si doux, que tous ceux qui
combattent pour elle sont sûrs d'intéresser nos vœux
secrets. Leur cause est celle du genre humain tout
entier ; elle devient la nôtre. Nous nous vengeons de
nos oppresseurs, en exhalant du moins en liberté
notre haine contre les oppresseurs étrangers.

Au bruit des chaînes qui se brisent, il nous semble
que les nôtres vont devenir plus légères ; et nous
croyons quelques momens respirer un air plus pur,
en apprenant que l'univers compte des tyrans de

l'effet de la circonstance, et qu'il n'ait d'autre but que des projets équitables. Alors le peuple sera suffisamment instruit des moyens de mettre sa liberté à l'abri des tentatives que pourroient employer, dans les tems à venir, ces sophistes de la politique et de la morale, qui auroient intérêt à la détruire et à l'en priver pour jamais.

Je ne doute pas pas que l'on approuve toutes les peines que je prends pour indiquer à mes concitoyens, par quelles règles certaines il leur importe de maintenir la liberté dans un état; elles sont d'autant plus nécessaires, que l'histoire de toutes les nations démontre évidemment que c'est à la négligence du peuple, et à l'ignorance où il a été de ces loix, que nous devons

---

moins. D'ailleurs ces grandes révolutions de la liberté sont des leçons pour les despotes; elles les avertissent de ne pas compter sur une trop longue patience des peuples, et sur une éternelle impunité. Ainsi, quand la société et les loix se vengent des crimes des particuliers, l'homme de bien espère que le châtiment des coupables peut prévenir de nouveaux crimes. La terreur quelquefois tient lieu de justice au brigand, et de conscience à l'assassin : telle est la source de ce vif intérêt que font naître en nous toutes les guerres de liberté. Raynal.

reprocher les succès étonnans des ennemis de la liberté.

Après avoir étudié les annales de tous les siècles, je proposerai ici un abrégé des loix, dont la connoissance est indispensable pour un peuple jaloux de maintenir ses priviléges, afin que sa conduite soit éclairée par les grands exemples qui nous ont été transmis par toutes les nations qui ont passé avant nous sur la terre.

PREMIÈREMENT. C'étoit un usage consacré chez les nations libres, que les pères inspirassent, dès l'âge le plus tendre, à leurs enfans, une haine éternelle pour le gouvernement monarchique ; et lorsque ces enfans étoient parvenus à un âge raisonnable, les magistrats avoient soin qu'ils vinssent former un serment solemnel entre leurs mains, par lequel ils abjuroient la royauté, et juroient de ne souffrir jamais qu'on en fît revivre le nom.

Brutus ayant affranchi les Romains, les engagea par serment à ne jamais consentir qu'aucun homme régnât dans Rome. Ce fut par le même moyen que les Hollandois parvinrent à secouer le joug de l'Espagne ; ils ne se conservèrent libres que parce qu'ils avoient abjuré pour jamais, non seulement la domination du roi Philippe II et de sa famille, mais encore celle de tout autre roi.

Brutus voulant rendre éternelle la liberté du peuple Romain, après avoir ainsi enchaîné la volonté du peuple, lui abandonna tous les revenus dont jouissóient ses rois. Ce grand homme ne connut pas de plus sûr moyen pour engager le peuple à se défendre contre les Tarquins jusqu'à la dernière extrémité, afin que si les rois étoient rétablis, ils ne pussent pas, en vertu des prérogatives de la couronne, rentrer dans la possession de leurs anciens droits et priviléges, et priver le peuple de cette riche dépouille. Cet ennemi de la royauté brisa encore les statues et les images des derniers rois, et fit raser leurs palais, afin de détruire dans l'esprit des hommes toute idée d'ambition.

Ce fut en suivant les mêmes principes, que Henri VIII, ayant disposé des revenus des abbayes, en fit démolir les bâtimens, et dit : *Détruisez les nids, et les corbeaux n'y reviendront plus.* C'étoit effectivement, en ces circonstances, le parti le plus sage

à prendre, puisque le danger raisonnable de supposer, est
au dessus des avantages que
droit se promettre de la conservation de tous les établissemens qui pourroient ranimer les espérances et exciter
l'ambition et la cupidité de tous ceux qui
y prétendroient.

SECONDEMENT. On doit s'opposer avec
le plus grand soin, dans une république,
à ce qu'aucun citoyen ne s'élève avec fierté,
qu'il ne puisse acquérir plus de crédit, et
ne paroisse avec un éclat qui insulte à l'é-
galité des citoyens. Les Romains ne voyoient
dans ce désir de grandeur et de puissance,
que ce qu'ils appeloient *affectatio regis*,
amour de la royauté. Mœlius et Manlius, ces
deux nobles Romains si distingués par
les grands services qu'ils avoient rendus
à l'état, ayant donné des marques de cette
disposition, le peuple Romain oubliant
aussi-tôt tout le mérite de leurs actions
passées, ne purent échapper à sa juste
fureur; et, par sa sévérité, la mort de
ces deux grands hommes a servi d'exemple à tous les siècles.

L'impression que leur châtiment avoit

laissée, fut si grande, que le nom du dernier, qui, comme l'observe Tite-Live, n'auroit jamais eu d'égal s'il n'eût vécu dans un état libre, devint si odieux, même à sa famille, qu'elle ne voulut plus porter un nom qui datoit depuis si long-tems dans les fastes de Rome ; et, par un arrêt du sénat, il fut ordonné que le nom de Manlius, et le consulat de ce grand homme, et le souvenir de ses actions, seroient biffés des registres publics.

La république des Provinces-Unies, s'étant écartée de cette règle, s'est vue exposée, dans le dix-septième siècle, à perdre un liberté dont la conquête lui avoit coûté tant de sang. La complaisance aveugle avec laquelle elle souffrit l'agrandissement excessif de la maison d'Orange, et l'incurie qu'elle fit paroître en donnant à Guillaume II la permission de s'allier avec une princesse d'Angleterre, firent concevoir à ce dernier, des projets qui convenoient peu à un membre d'un état libre. Il les conduisit avec un secret et une adresse si admirables, que, sans la protection de la Providence, qui se servit de l'obscurité de la nuit pour opérer le salut de la Hollande, ce prince auroit, suivant toutes les probabilités, soumis les Hollandois sous le joug odieux du pouvoir royal.

TROISIÈMEMENT. Dans les états libres, on doit avoir un soin extrême, *non diurnare imperia*, de ne point permettre que le commandement soit continué trop long-tems dans les mains d'un particulier, ou dans une même famille. Nous avons, dans le cours de cet ouvrage, fort insisté sur l'importance et la nécessité de cette maxime ; et les Romains, jusqu'au tems où la corruption prévalut dans la république, ne s'en écartèrent jamais. Tite-Live dit dans son quatrième livre : *Libertatis magna custodia est, si magna imperia esse non sinas, et temporis modus imponatur.* C'est un moyen assuré de conserver sa liberté, que de ne point permettre que les grands emplois soient possédés long-tems par une même personne, et de fixer le tems auquel ceux qui les exercent devront les quitter. Ce fut dans cette vue que la loi Emilienne fut promulguée ; et nous voyons dans le neuvième livre du même auteur, où il introduit un noble Romain, qui, s'adressant à ses concitoyens, leur dit : *Hoc quidem*

regno simile est; « c'est me charger du far-
» deau de la royauté, que de me continuer
» dans l'office important de censeur au
» delà de trois ans et six mois (*a*), que pres-
» crit la loi Emilienne ». Dans son troisième livre, il observe aussi, comme une
chose monstrueuse, et contre laquelle il
ne peut assez s'élever, que les ides de Mai
soient arrivées sans qu'on ait encore fixé le
tems de la nouvelle élection : *Id verò
regnum haud dubiè videre, deploratur in
perpetuum libertas.* C'est, dit-il, faire
revivre la royauté, et la liberté est dès-lors
perdue pour jamais. Tout citoyen qui se
maintenoit dans l'exercice de la dictature
au delà de six mois, étoit regardé comme
traître à la patrie; et ceux qui, sur ce
sujet, voudront lire des instructions solides, peuvent consulter les Epîtres de Cicéron à Atticus; on y verra ce qu'il dit de
César : enfin, pour juger à quel point
les Romains portoient la délicatesse à cet
égard, il suffit de remarquer qu'ils ne souf-
frirent jamais qu'un même sujet fût élevé
deux fois de suite à la même dignité.

(*a*) *Triennium et sex menses.*

Cette

Cette politique, au rapport d'Aristote, étoit aussi celle de toutes les républiques de la Grèce.

Nous voyons à Rome Cincinnatus, un de ses plus grands généraux, haranguer le peuple pour en obtenir la liberté de se démettre du commandement des armées. Le tems prescrit par la loi étoit expiré; mais quoique l'ennémi fût presque aux portes de la ville, et que l'on eût alors, plus que jamais, besoin de ses services, de sa valeur et de sa prudence, le peuple le lui représenta en vain: on ne put le faire changer de résolution; il résigna le commandement, en disant à ses concitoyens, « qu'il » y avoit plus à craindre pour l'état que le » pouvoir lui fût continué, que de tous les » efforts des ennemis, puisqu'une pareille » prolongation seroit un exemple dont les » conséquences seroient infiniment dange- » reuses à la liberté Romaine ». Lorsque M. Rutilius Censorimus fut forcé par le peuple d'accepter une seconde fois, et sans interruption, l'office de censeur, il mit tout en usage pour détourner le peuple d'une chose qui étoit aussi manifestement contraire à ce qu'avoient fait leurs ancètres; et

Tome II. E

Plutarque rapporte, que ne pouvant le persuader, il n'accepta cet office que sous la condition expresse, « que la république » feroit une loi pour que son exemple ne » pût jamais autoriser à continuer deux » fois de suite un même sujet dans la cen-» sure, ou dans toute autre dignité ». Le peuple en usa de même avec les tribuns, et fit une loi pour qu'aucun d'eux ne pût être continué dans le tribunat plus de deux ans de suite. Ainsi les Romains se montrèrent toujours fidèles observateurs de cette règle, et ils prouvèrent, par leur conduite, combien il importe à la liberté publique que le peuple ne s'écarte jamais de la troisième règle de politique que nous venons d'établir.

QUATRIÈMEMENT. On ne doit jamais souffrir que deux personnes d'une même famille remplissent en même tems des emplois importans, ni qu'aucune dignité considérable soit continuée dans une seule et même maison. La première de ces erreurs mène tout naturellement à la seconde ; mais si on a soin de se prémunir contre celle-ci, l'autre seroit bien moins dangereuse. Cependant il est prudent de les éviter également; car il est évident qu'une semblable disposition met une famille dans le cas de chercher à balancer ses intérêts particuliers avec ceux de la république : d'où il suit nécessairement que le bien général ne sera effectué, qu'autant qu'il concourra à l'avantage de quelques individus. Dès-lors on n'admettra plus aucun plan, on n'exécutera aucun projet, qu'en considération de ce que l'un ou l'autre rendra indissolublement unis la prospérité de la république, et l'agrandissement d'un particulier ou d'une famille. Les Romains regardèrent donc comme une maxime fondamentale de leur république, *ne duo vel plures ex unâ familiâ magnos magistratus gerant eodem tempore*, de ne jamais élever en même tems aux grandes charges de l'état, deux membres d'une même famille ; et un peu après il est dit, *ne magna imperia ab unâ familiâ præscribantur* ; que les hautes dignités et les places importantes ne soient pas continuées dans une même famille, qui pourroit, par la suite, se former des droits pour y succéder.

L'ombre de liberté dont jouit la république Romaine, après le coup qui termina les jours de César dans le sénat, auroit pu devenir une liberté réelle, si les Romains avoient empéché Octave, neveu et fils adoptif de César, de s'emparer de la puissance excessive de son prédécesseur. Sa grandeur fut l'ouvrage de Cicéron, qui n'hésite pas à dire qu'il se rendit en cela coupable d'une grande faute ; ce qui prouve que l'homme le plus sage peut aussi se tromper : aussi ce grand homme opposa-t-il Antoine à César ; et s'il eût moins suivi les mouvemens d'une haine personnelle, et qu'il se fût consulté lui-même, il auroit vu combien il lui étoit plus avantageux d'épouser le parti d'Antoine que celui de son compétiteur ; car ce dernier n'eut pas obtenu le droit de partager la souveraine autorité, que, se faisant des partisans de toutes les créatures de son oncle Julius, non seulement il abandonna Cicéron, son ami, mais encore il consentit à sa mort, et finit par machiner la ruine entière de la république.

La famille des Médicis, qui a gouverné en despote le peuple de Florence, n'est devenue si considérable, que par une continuation non interrompue de pouvoir ; et elle n'auroit pas, avec autant de succès , sapé les fondemens de la liberté , si les Florentins se fussent opposés à ce que Casiuus succédât avec autant de facilité à toute la puissance de son cousin Alexandre.

Nous observons aussi que la famille des Médicis , voyant un pape de son nom sur le siège de Rome , forma le dessein de soumettre à sa puisance diverses parties de l'Italie , ne doutant point de la réussite de ses projets sous la direction de ce pontife ; mais sa mort ayant déjoué toutes les espérances de la famille des Médicis , elle employa tous ses soins pour porter le conclave à élever , sur la chaire de St. Pierre , Julien de Médicis , frère du dernier pape. Tout favorisoit son ambition , lorsque Pompeïus Colomba , se levant , fit sentir aux cardinaux combien il seroit dangereux et préjudiciable à la liberté de l'Italie , qu'ils se laissassent aller aux insinuations de ceux qui , pour perpétuer la papauté dans une même maison , proposoient d'y faire succéder deux frères consécutivement.

Il n'est personne qui ne se soit apperçu , sous le prince d'Orange , Guillaume II , des effets funestes qui pouvoient résulter de la trop longue continuation du pouvoir dans cette maison. Il a été heureux, pour les Provinces-Unies, que ce prince, d'un génie entreprenant, ne laissant qu'un fils trop jeune pour lui succéder, ait donné aux Hollandois l'occasion favorable de s'opposer à l'agrandissement de ses successeurs, en réduisant cette famille à une condition plus analogue à celle qui lui convenoit dans un état libre (a).

(a) Dans l'espace de quarante années, on voit Maurice miner sourdement la liberté publique, puis se jouer impunément des obstacles, et arriver enfin au despotisme par l'assassinat judiciaire de Barneveld ; toujours détournant le sens des loix pour en éluder la force ; toujours voilant, sous des formes républicaines, toutes les atrocités de la tyrannie.

Et c'est Barneveld qui succombe dans sa pénible carrière ! Il périt de la main d'un bourreau, tandis que Maurice meurt dans son lit, entouré de flatteurs !

Lorsqu'un grand homme, après avoir tenu long-tems les rênes du gouvernement, devient la victime d'une faction criminelle, les principes qu'il a scellés de son sang tombent avec lui ; des milliers de citoyens, qui s'étoient rangés autour de cet astre tutélaire et brilloient de ses feux, s'éteignent. La mort de Barneveld fut suivie des plus grands désastres. Ses amis échappèrent par la fuite ; ses admirateurs n'osèrent

Comment le sénat de Rome s'aliéna-t-il, en si peu de tems, l'esprit du peuple, sinon en lui faisant éprouver combien l'intérêt des familles patriciennes avoit d'influence sur les décisions du sénat? De nos jours, le sénat de Venise ne suit-il pas les mêmes principes ? Les Vénitiens connoîtroient mieux ce qu'ils doivent à la république, et en quoi consiste la liberté ; et si la constitution de Venise étoit plus sagement pondérée, le peuple y jouiroit du bonheur de vivre dans un état libre.

CINQUIÈMEMENT. Personne, dans un état libre, ne doit attaquer la majesté des décisions, ni en révoquer en doute la légalité, soit qu'elles fussent prononcées par un sénat, ou qu'elles fussent le résultat des assemblées générales de la nation. S'il pouvoit exister une autorité capable de les altérer à son gré ou de les contredire, la liberté disparoîtroit à l'instant : *Actum erat de libertate.* Les Romains ne furent véritablement libres, que lorsqu'ils reçurent avec

---

se montrer ; la léthargie de la servitude succéda aux orages de la liberté. *Aux Bataves, sur le Stadhoudérat par* LE COMTE DE MIRABEAU.

E 4

respect les oracles de leurs tribuns ou des assemblées populaires : mais aussi-tôt que, par une négligence impardonnable, ils donnèrent à Sylla et au parti qu'il s'étoit fait, le pouvoir d'en diminuer la puissance ; leurs arrêts, loin de passer pour sacrés, comme auparavant, tombèrent dans le mépris, et bientôt ils ne délibérèrent et n'agirent plus que pour la forme, laissant à Sylla le droit de tout décider à sa volonté : privilège qu'en quittant la dictature il remit à un sénat héréditaire, et dont le peuple ne put jamais rentrer en possession. Ce sénat lui-même ne le garda pas long-tems ; car César étant entré dans Rome, priva ces magistrats suprêmes du droit de rien décider : il leur laissa à la vérité celui de délibérer et de lui communiquer leurs avis ; mais, sous cette apparence de légalité, il s'arrogea l'autorité de prononcer sur tout à son gré, sans que qui que ce fût osât s'y opposer.

Cosme se conduisit de cette manière avec le sénat de Florence ; il exigeoit ses avis sur les affaires d'état : mais ce ne fut qu'après s'être si absolument emparé de l'esprit des sénateurs, qu'il étoit certain qu'aucun d'eux ne prononceroit que de manière à favoriser ses ambitieux projets. Tibère veut-il parvenir à l'empire ? il s'attache tellement à soumettre le sénat, qu'il ne s'y trouve personne en état de s'opposer à son élévation. Dès-lors il dispose de tout, sans qu'il fût permis de soupçonner, même par les apparences, qu'il agit sans le consentement de cette assemblée suprême ; et lors même qu'il accepte l'empire, il paroît se faire violence en cédant aux prières des sénateurs : de façon qu'on peut dire de ce prince, qu'il ne fut proclamé que long-tems après avoir joui d'une souveraineté réelle.

Il résulte donc qu'aucune république ne peut conserver sa liberté, si, en suivant les traces de celles qui l'ont précédée, elle ne se fait une maxime inviolable de faire respecter et exécuter, avec la plus sévère exactitude, les décisions émanées du libre suffrage du peuple, sans permettre jamais qu'aucune autre puissance ait la faculté de les interpréter ou de les contredire.

La sixième loi qu'ont pratiquée les états libres, a été d'exercer continuellement les citoyens dans le maniement des armes, et

de confier toute la force militaire (*a*) entre
les mains du peuple, ou du moins de ceux
des citoyens qui sont les plus zélés pour la
conservation de la liberté ; de façon que
les assemblées suprêmes soient toujours
en état d'en disposer à leur gré.

L'effet qu'on s'en proposoit, étoit qu'on
ne pût jamais mettre aucun impôt sur le
peuple, sans qu'il y eût préalablement consenti par l'organe de ceux en qui il avoit
placé sa confiance. Telle a été la pratique
des républiques Grecques, qui, selon Aris-

(*a*) La république Romaine fut invincible, parce
que ses citoyens étoient soldats, et qu'il falloit avoir
fait la guerre pour parvenir aux magistratures. C'est
parce qu'elle n'admettoit dans ses légions que des
hommes intéressés à la gloire et au salut de la patrie,
qu'elle put établir cette discipline rigide et savante,
qui fut l'ame de ses succès et de ses triomphes. C'est
parce que les plébéiens défendoient leur patrie,
qu'ils surent défendre, affermir et conserver leur
liberté. La Grèce ne commença à déchoir et éprouver les désordres de l'anarchie ou de la tyrannie,
que quand les citoyens riches et amollis par les
richesses, le luxe et l'oisiveté, distinguèrent les fonctions civiles des militaires, ne portèrent plus les
armes, et ne contribuèrent qu'aux frais de la guerre.
MABLY.

tote, avoient une attention toute particulière de ne confier l'usage des armes qu'à ceux des citoyens qu'ils connoissoient zélés pour la prospérité publique. On étoit persuadé que la disposition des armes règle celle de la souveraineté, et que l'épée et la suprême autorité se prêtent en tout tems un mutuel et puissant soutien.

Les Romains étoient eux-mêmes convaincus de l'avantage qui pouvoit résulter de cet usage, si essentiellement lié à la force publique. Lorsqu'ils eurent obtenu la jouissance entière de leur liberté par l'élection des tribuns et la formation des assemblées nationales, on vit les habitans de Rome, et ceux des environs, se livrer continuellement à tous les exercices militaires: la république trouvoit en eux une milice toujours subsistante. Une précaution aussi sage rendoit habile dans le maniement des armes, la plus saine partie des citoyens; ce qui élevoit un rempart inaccessible contre les ennemis de la liberté, et mettoit toujours les citoyens en état de se défendre contre ceux qui tenteroient de l'attaquer au dedans, et contre les ennemis du dehors. Ainsi la majesté du peuple étoit à l'abri des projets conçus par l'ambition ; et le citoyen, dans ces états, étoit toujours prêt à repousser les attaques d'un voisin inquiet et jaloux.

On ne permettoit de porter les armes qu'à ceux dont le patriotisme et l'amour pour la liberté étoient publiquement reconnus ; on n'enrôloit que ceux qui, fortement animés de ces sentimens, n'étoient attirés par aucune vue sordide, et jamais ceux qu'un intérêt mercenaire auroit pu inviter au service de la patrie. On préféroit ces hommes qui, lorsqu'après avoir vaincu l'ennemi, s'ils se voyoient en liberté de reprendre la conduite de leurs affaires domestiques, se croyoient suffisamment récompensés. Aussi long-tems que Rome se conduisit d'après les principes purs d'un état libre, elle n'eut besoin d'aucune armée stipendiée, pour défendre ses murs ; la nécessité seule faisoit prendre les armes, et, dans une semblable circonstance, la république n'appeloit sous ses enseignes que des citoyens établis, des chefs de famille, qui, intéressés à vaincre, endossoient la cotte d'armes et combattoient *pro aris et focis*, pour le salut de leurs femmes, de

leurs enfans et de la patrie. Dans ces tems
heureux, on ne mettoit aucune différence
entre le citoyen, le laboureur et le soldat ;
et le même qu'on avoit vu dans un jour
citadin ou païsan, paroissoit le lendemain
dans le camp, si la liberté ou la chose publique éprouvoient quelque danger, et que
sa présence y devînt utile pour le salut
commun ; et lorsque son bras avoit affermi
l'état contre les ennemis du dehors ou ceux
du dedans, le soldat redevenoit citoyen.
Ainsi on vit souvent de simples laboureurs
remplir les fonctions de soldats courageux
ou de généraux expérimentés, qui s'en
retournoient avec joie tracer de nouveaux
sillons, après avoir assuré le triomphe de
leur patrie.

Telle étoit la méthode ordinaire du peuple
Romain, même avant qu'il eût obtenu des
tribuns et des assemblées, c'est-à-dire, dans
l'enfance du sénat, et immédiatement après
l'expulsion de ses rois : il y avoit déjà
quelques étincelles du feu sacré de la liberté ; on cherchoit à les entretenir par cette
conduite ; et lorsque les Tarquins eurent
été chassés, quoiqu'ils eussent un parti
dans l'état qui se flattoit de les rétablir, on

ne trouve cependant pas que Rome eût
d'autres soldats que ceux de ses citoyens
qui étoient zélés pour la cause de la liberté,
et qui, dans toutes les occasions, étoient
prêts à prendre les armes au premier ordre
du sénat, à très-peu de frais pour le trésor
public. Ces citoyens, par leur bravoure,
parvinrent néanmoins à se soustraire au
joug des tyrans.

Il est vrai que, dans les siècles suivans,
Rome ayant étendu son empire, se vit for-
cée de former un corps toujours subsistant
de soldats stipendiés, soit pour conserver
les provinces qui avoient été soumises à
ses loix, soit pour en ajouter de nouvelles
à ses anciennes conquêtes. Cette milice,
si étrangère à un état libre, introduisit le
luxe, qui s'accrut à proportion que les domaines augmentoient. Bientôt on s'écarta
entièrement de la sévérité des loix, de ces
loix qui seules peuvent assurer la liberté.
La capitale partagea le malheur des provinces, en confiant sa garde à des soldats
mercenaires, et l'histoire nous a transmis
l'affreux tableau des conséquences qui en
résultèrent.

L'ambition de Cinna, la tyrannie horrible

de Sylla , l'insolence de Marius , et les vues intéressées des différens conspirateurs qui les précédèrent ou qui parurent après eux , ont rempli l'Italie de ces scènes tragiques dont le seul souvenir fait frémir d'horreur. Le peuple, voyant les malheurs qu'il s'étoit attirés en conservant des armées dans le sein de l'empire , et voulant y remédier par la suite en les employant au dehors , passa en loi , que tout général qui passeroit le fleuve Rubicon à la tête de ses troupes , seroit déclaré ennemi de la patrie. On fit plus ; afin qu'aucun militaire ne pût oublier le devoir que lui imposoit cette loi, on érigea sur les bords de cette rivière l'inscription suivante : *Imperator, sive miles, sive tyrannus armatus quisquis, sistito; vexillum, armaque deponito, nec citra hunc amnem transito.* Général ou soldat, ou tyran armé, qui que tu sois, arrête ici tes pas, quitte tes drapeaux, mets bas les armes, ou bien ne traverse pas cette rivière.

Ce fut par cette raison que César ayant osé prendre sur lui de passer le Rubicon , se crut trop avancé pour devoir reculer : il s'avança vers Rome, et s'empara de l'em-

pire. La république ayant ainsi perdu son
armée, fut bientôt anéantie ; puisque, dès
ce moment, elle fut réduite à la nécessité de
voir toute l'autorité entre les mains d'un
seul et de ses adhérens, qui eurent le plus
grand soin de tenir les armes hors des mains
du peuple. César substitua à la milice nationale, des bandes ou gardes prétoriennes,
qui furent entretenues par Auguste et ses
successeurs : exemple imité de nos jours
par le grand-seigneur, par Cosme, le premier duc de Toscane, et par les Mosco-
vites, les Tartares et les Français, dont les
rois devinrent, par ce moyen, audacieux
et absolus. Charles I, roi d'Angleterre, fit
tous ses efforts pour introduire cet usage
dans ses états. Il forma d'abord le dessein
d'y faire recevoir un corps de cavalerie
Allemande ; et lorsqu'ensuite il chercha à
tyranniser ses sujets en manœuvrant l'armée dans le nord, pour, à son retour, priver le parlement de ses droits, ce prince
négligea les milices nationales, et finit par
user de sa puissance contre son peuple.

Ainsi nous voyons qu'il n'y a pas de plus
sûr moyen pour conserver la liberté d'un
peuple, que de ne confier l'exercice des
armes

mes qu'à ceux qui sont fermement attachés à la forme d'un état libre, et dont le
zèle et les sentimens pour la chose publique
sont connus; qui ne déserteront jamais la
cause de la liberté, de quelque prétexte
que l'on use, et de quelque moyen que se
servent les agens du pouvoir pour égarer
leur patriotisme.

SEPTIÈMEMENT. Dans les états libres, il
est nécessaire que les enfans soient élevés
et instruits dans les principes de la liberté,
afin qu'ils les chérissent par préférence à
tout, que leur ame se pénètre de bonne
heure de toutes les vertus, sans lesquelles
la liberté ne peut être maintenue long-
tems; de ces vertus, par l'ensemble desquelles la liberté est un bienfait (a). Aris-

-----

(a) Il importe que les enfans s'accoutument à
envisager la liberté comme la seule chose capable de
les attacher à la vie; il faut que leur ame s'ouvre
avec enthousiasme à tous les sentimens qui peuvent
ajouter à ses charmes ou accroître ses bienfaits. Il faut
que la liberté, que la patrie soient, après le nom de
Dieu, ce qu'ils révèreront le plus, ce qu'ils aimeront
avec enthousiasme; il faut que ces noms soient pour
eux ce qu'a été le cri de l'honneur pour nos cheva-
liers Français, dans le tems où leur fierté n'avoit pas

Tome II.   F.

tote recommande l'exécution de cette règle;
et, dit-il, l'éducation de la jeunesse doit

---

encore fléchi sous d'indignes monarques, alors qu'ils
n'avoient pas avili l'obéissance au souverain par une
lâche complaisance à ses volontés désordonnées, par
leur bassesse, et par ce profond avilissement dont on
voit des exemples sous le règne odieux de Néron. Il
faut que, dans un état libre, les enfans apprennent
et qu'ils se souviennent sans cesse, que l'obéissance
aux loix est la seule qui puisse s'accorder avec la dignité du citoyen; il faut qu'ils se disent : Si le roi, si ses
ministres me commandoient une action qui fût contraire à la liberté et aux loix, je ne leur devrois plus
l'obéissance, je ne leur obéirois pas ; et s'ils insistoient
pour que je fisse exécuter leurs ordres, je plaindrois
le monarque, je lui représenterois avec respect que
sa bonne foi a été trompée ; je me saisirois du ministre
contempteur des loix, il en éprouveroit toute la sévérité. D'A .... Tu as obéi ! et l'ordre que tu exécu-
tois étoit un crime ! D'A ..., sois le seul, sois le dernier des déserteurs de l'honneur français ! ton nom
m'inspire une horreur que la révolution n'a pu affoiblir ni effacer. Infame chevalier, tu osas violer le
sanctuaire des loix ! ta main féroce s'est reposée sur
un magistrat, et personne n'a encore invoqué ces
loix pour punir ta coupable audace ! D'A . . . homme
qui ne peux plus être avili ! oseras-tu justifier l'arrestation d'un magistrat (dont le crime étoit d'aimer
l'ordre, les loix et la liberté) devant le tribunal d'un
peuple libre ? Tu peux m'arracher la vie ; mais com-

[...] à la forme de gouvernement
[...] suivi, attendu que cela im-

[...] tu parvenir à faire oublier et ta bas-
[...] obéissance qui te couvre d'ignominie?
[...] je rends justice aux sentimens d'un
[...] adore; mais si parmi la foule de tes
[...] il ne se fût trouvé personne pour exécuter les ordres surpris à ta religion, quel règne seroit
aussi glorieux que le tien? Sans doute ce sont les
lâches, ce sont ces hommes profondément corrompus, qui ont obscurci les plus beaux jours de ta gloire
[...] la ramification de toutes les scélératesses, de
tous les crimes que la prodigalité amène à sa suite, et
de ces forfaits dont l'histoire des quatorze premières
années de ton règne offre la série la plus hideuse à
la fois et la plus atroce. Combien de crimes ont
été commis sous ton nom, ô mon roi! et tu les
[...]! Que de larmes tes coupables ministres ont
fait répandre! que de gémissemens!.... Que dirois-
[...] roi d'un peuple libre, si, une ordonnance à la
[...] publiée en ton nom (la révolution en a sus-
[...] du l'exécution.), je présentois à tes yeux l'image
d'un supplice imaginé contre les soldats de ton
armée, qui auroit été un spectacle digne de Néron?
[...] c'étoit ainsi que les ministres calomnioient le
[...] des rois! Les lâches! ils ne vouloient que se
faire craindre, et ils blasphémoient le nom de leur
roi, de ce roi qui les couvroit, eux, leurs femmes et
leurs enfans, des marques de sa magnificence. Ils
insultoient à la nation Française, à son roi, et à LA
NATURE HUMAINE. *Note du Traducteur.*

porte beaucoup à la conservation du gouvernement, quel qu'il soit. La raison en est
simple : tous les hommes conservent, dans
la force de l'âge, les impressions qu'ils ont
reçues dans leur jeunesse, quelque pernicieuses qu'elles soient en elles-mêmes, à
moins que la Providence ne les ait doués
d'un jugement et d'une pénétration capables
de rectifier ce qu'il y auroit de vicieux dans
les principes de leur éducation.

Nous pourrions invoquer le sentiment
de Plutarque, d'Isocrate, et d'un grand
nombre de philosophes et d'orateurs, qui
ont tous également démontré combien l'é-
ducation des enfans importe au bonheur et
à la prospérité publique, soit qu'on la considère dans ses rapports avec la vie civile
et politique, ou soit qu'on se borne à la
félicité domestique de chacun des citoyens.
Mais nous sommes persuadés que personne
ne niera quel est le pouvoir et l'influence
de l'éducation sur les enfans, et par combien de rapports la prospérité d'un état
libre, la sagesse de son administration, le
bienfait de la liberté, la soumission aux
loix, le courage, en un mot, toutes les
vertus du citoyen, son indépendance, et la

durée des républiques, sont étroitement liés à l'éducation de la jeunesse. Et il est incontestable que si l'on n'a pas soin d'inspirer à la jeunesse, dans un état libre, des principes propres à lui faire goûter et aimer la liberté ; si les instituteurs ne prennent un soin tout particulier de lui faire apprécier tous les avantages de ce mode de gouvernement, on ne pourra jamais se flatter que l'administration repose sur des bases certaines, et que la paix règne dans l'état. Les écoles, les académies, tous les établissemens consacrés à l'éducation de la jeunesse, ne retentiront que des maximes les plus propres à porter les jeunes citoyens à la révolte ; ces maximes formeront, au milieu de l'état, un principe de division qui deviendra de plus en plus dangereux, et qui suscitera, contre le gouvernement de la république, autant d'ennemis qu'il s'y trouvera de gens qui auront été égarés par les sophistes stipendiés par les grands : ces ennemis seront à craindre, ils seront très-fort à redouter ; car il peut se trouver parmi ceux qui les écouteront, de ces scélérats qui n'attendent, pour exécuter leurs projets ambitieux, que le moment où la divi-

sion , et la guerre civile qui en est la suite ,
et l'anarchie qui détruit et qui renverse
toutes choses , et le crime qui l'accompagne avec toute son audace et toutes ses
horreurs ; ces scélérats de la politique n'at-
tendront , dis-je , que le moment où , le
désordre et la confusion étant devenus uni-
versels , ils fixeront , par la nature même
de leurs excès , toute l'attention des plus
sages , afin de circonvenir les citoyens sans
distinction , de les assujettir et de les soumettre sans pudeur à leurs volontés injustes
et tyranniques. Quelques-uns , moins ambitieux , mais non moins méprisables , ne
commettront toutes ces choses que pour le
plaisir de s'en glorifier : il y aura parmi ces
derniers une émulation de bassesse , une
émulation de crime.

Mais si l'on se rendoit coupable de cette
négligence , à la suite d'une guerre civile ,
qui auroit produit quelque altération dans
le gouvernement, les effets n'en seroient que
plus dangereux ; car, le changement étant
nouveau , les maîtres préposés pour l'en-
seignement de la jeunesse n'auroient à lui
donner que des principes analogues au système de l'ancien gouvernement, et leurs

ont, par cette raison, entretenus
[...]ur et la soumission à toutes les
[...] du gouvernement que l'on se sera
[...] d'anéantir; l'inclination que la jeu-
[...] témoignera pour les anciennes loix,
[...] pour que l'état soit dans le danger
[...] les voir revivre (a). Ainsi, si l'on négli-
geoit d'astreindre à des règles favorables
au gouvernement reçu, ceux qui sont chargés de l'éducation, ce seroit donner lieu à
une inimitié éternelle entre les citoyens;
on rendroit incertaine et versatile la constitution actuelle, et, loin de former une
société civile, on entretiendroit au con-

(a) Les grands sont persuadés qu'il leur importe
d'avoir un maître absolu. Pour quelques mortifica-
tions qu'ils essuient à la cour, leur vanité acquiert
des complaisans, des flatteurs et des protégés : ils se
font craindre, et commettent impunément des injustices. Pour piller le prince, leur avarice demande
qu'il soit le maître de la fortune de tous les citoyens,
et ils ne voient point que les bienfaits de la cour ont
plus appauvri de grandes maisons, qu'ils n'en ont
enrichi. Enfin ils ne doutent point que leur dignité
ne tienne au pouvoir absolu, et ils craignent qu'un
gouvernement libre ne les rapproche d'une classe
qui leur est inférieure, et ne les confonde avec elle.
Marx.

traire entre les citoyens une semence de division, qui, en faisant naître les guerres civiles, mettroit la chose publique dans un danger continuel.

Plutarque et Isocrate assurent que les républiques de la Grèce appréhendoient tellement de tomber dans cette négligence, que la sagesse de leurs précautions alloit jusqu'à prescrire aux maîtres les livres dont ils pouvoient permettre la lecture dans leurs exercices. Jules César, dans ses commentaires, rapporte que les Gaulois, tout barbares qu'ils étoient, avoient une attention si scrupuleuse à cet égard, qu'ils ne confioient qu'à leurs Druides le soin d'instruire leurs enfans dans les principes de la religion et du gouvernement, afin que, sur ces deux points, ils s'accoutumassent de bonne heure à ne recevoir que les idées universellement adoptées.

Si l'on considère attentivement la série de ces révolutions, qui, après avoir fait passer Rome de l'état monarchique sous la forme d'un état libre, ont enfin changé son gouvernement en une monarchie absolue ; on se persuadera facilement de la vérité et de la profonde sagesse de chacune des

viennent à l'appui de cette
il importe, dans un état libre,
jeunesse soit instruite des principes
de la liberté, des loix, afin qu'elle se porte
naturellement à chérir le gouvernement et à le défendre.

On voit d'abord quelles difficultés les Romains ont été obligés de surmonter, pour
conserver la liberté qu'ils venoient d'acquérir. Ces difficultés prenoient leur source
dans les principes purement monarchiques
dont la jeunesse avoit été imbue, parce
que les personnes préposées à surveiller les
maîtres, et qui présidoient aux exercices,
profitoient habilement de toutes les occasions, pour confirmer dans les esprits (encore susceptibles, par leur foiblesse même,
de toutes les impressions) de la jeunesse
romaine, toutes les idées qui pouvoient lui
faire préférer la forme du gouvernement
monarchique. C'est pour cette raison que,
dès la naissance de la république, on vit
les propres enfans du fondateur de la liberté étouffer l'affection naturelle qu'ils devoient à leur père (à leur patrie); et ne
suivant que les principes du despotisme
qu'on leur avoit si souvent répétés dans les

écoles, on les vit se joindre à une grande
partie de la jeunesse Romaine, pour rétablir
les Tarquins sur le trône.

Et nous devons observer encore combien
il fut difficile à la république de s'établir
sur des bases certaines, aussi long-tems
qu'il se trouva dans son sein des citoyens
qui avoient été nourris dans les principes
corrompus de l'ancien gouvernement. Ces
principes étoient si profondément gravés
dans les esprits , qu'ils ne purent être
effacés même par l'âge. On vit un grand
nombre de ces vieux adorateurs du despotisme, toujours disposés à grossir les orages
causés par les insurrections ou par les inva-
sions des ennemis de la république.

D'un autre côté, lorsque la monarchie
fut rétablie sur les ruines de la république,
quelles difficultés. César n'éprouva-t-il pas
pour étendre son empire sur un peuple
nourri dans les maximes d'un état libre ?
Ces principes qu'il avoit voulu détruire ,
son audace à les attaquer, et son ambition ,
lui ont fait perdre la vie au milieu des
efforts qu'il faisoit pour affermir son usurpa-
tion. Et tel étoit encore le pouvoir d'une éducation toute fondée sur l'amour de la liberté,

que le meurtre de César, commis par quelques sénateurs, fut applaudi, non seulement par le peuple, mais encore par Cicéron, et par tous les écrivains qui ont été élevés et qui ont vécu sous un gouvernement libre.

Auguste, instruit des causes qui avoient précipité les jours de son oncle, et voulant marcher sur ses traces sans devenir victime du zèle que le peuple avoit encore pour la liberté, résolut de se frayer, à pas insensibles, une route à l'empire.

Et *Tacite* observe qu'Auguste facilita son élévation, en ne faisant paroître le dessein qu'il avoit formé d'y parvenir, qu'après avoir insensiblement accoutumé le peuple à le continuer, sous différens prétextes, à la tête de l'administration ; de telle sorte que quand il prit le titre d'empereur, il ne voyoit sa cour formée que d'une nouvelle génération d'hommes accoutumés à reconnoître son autorité souveraine. Les paroles de Tacite méritent d'être rapportées. « Tout étoit tranquille à Rome ; les
» magistrats avoient les mêmes noms. Les
» jeunes gens étant nés depuis la bataille
» d'Actium, et la plupart des vieux durant
» les guerres civiles, que pouvoit-il rester

» de gens qui eussent vu le tems de la
» liberté? Toute la ville ayant donc changé
» de face, il ne s'y voyoit plus rien de la
» force et de la vigueur de l'ancien gouver-
» nement. L'*égalité* ayant fini avec la *liber-
» té*, l'on ne se soucioit plus que d'obéir
» au prince, sans se mettre en peine de
» rien ».

Nous pourrions nous étendre davantage
à ce sujet : mais ce que nous avons rapporté doit suffire pour prouver combien la
constitution d'un état dépend de la manière
dont l'éducation de la jeunesse est dirigée.
C'est donc un point essentiel à observer
dans l'établissement d'un état libre, qu'il
ne faut négliger aucun moyen pour que
les écoles retentissent du nom, des avantages de la liberté, et des moyens de la
conserver.

La huitième règle que la politique prescrit à un état libre, et qui regarde plus
spécialement la conduite du peuple, c'est
qu'il doit user avec modération de la liberté
qu'il vient d'acquérir, pour qu'elle ne dé-
génère point en licence, parce que devenant
alors une espèce de tyrannie, elle occa-
sionne ordinairement la dissolution de la

république qu'elle a corrompue, et fait que l'on y préfère le système de la monarchie. Pour que les peuples puissent éviter un malheur aussi grand, je vais établir ici quelques règles, qui serviront à les prémunir contre tous les moyens dont on se serviroit pour les priver de tous les avantages inséparables du bienfait de la liberté.

PREMIÈREMENT. Dans un état libre, il est sur-tout nécessaire d'éviter les dissentions civiles, et de se souvenir sans cesse des dangers qu'il y auroit à recourir à la violence, pour punir les fautes que la foiblesse pourroit faire commettre aux citoyens entre les mains desquels on a placé l'exercice de l'autorité et toute sa confiance. Si en effet on sévissoit avec trop de rigueur et de promptitude contre toutes les fautes des chefs qui pourroient préjudicier à la chose publique ; si on en exigeoit, dis-je, une réparation, et que l'on usât d'un remède trop violent, on en verroit aussi-tôt naître une infinité d'autres. La ressource fatale d'une guerre civile ne doit être employée que pour anéantir un gouvernement dangereux, et dont tous les ressorts se contrarient ou s'entre-choquent ;

et pour parler plus simplement, on ne doit
se servir de l'épée que pour le rétablissement d'un état malade. Si les citoyens
recouroient aveuglément à ce moyen, ce
seroit un symptôme de folie aussi pernicieuse dans ses effets, que celle d'un mé-
decin qui prescriroit l'usage des liqueurs
spiritueuses pour appaiser l'ardeur de la
fièvre, ou qui conseilleroit à un malade
de se percer le cœur pour se guérir d'un
mal de tête.

Et parce que les rois, les courtisans, et
tous les agens des pouvoirs permanens,
reprochent au gouvernement d'un état
libre, que les citoyens y sont sans cesse
inquiétés par les tumultes, les dissentions,
la discorde, et enfin par la sédition ; que
tel a été l'objection favorite des partisans
du despotisme : les citoyens qui vivent dans
un état libre, qui y jouissent d'une liberté
assurée, et qui sont animés du désir de
l'affermir et de la conserver, doivent, pour
réfuter une objection (qui malheureuse-
ment a été trop souvent fondée) aussi inju-
rieuse, se conduire, dans toutes les circonstances, avec autant de modération que
de prudence ! Dans un état libre, il im-

sorte que les citoyens fassent toujours paroître une sorte de vénération, et qu'ils res-
pectent essentiellement ceux des citoyens
qui, par une élection libre, sont devenus
leurs supérieurs.

Mais si, d'un côté, les citoyens ont besoin d'une si grande sagesse lorsqu'il s'agit
d'user avec équité de ces moyens puissans
et rapides, qui seuls peuvent sauver la
république dans un danger imminent; dans
ce cas, il importe que l'on soit bien convaincu que cette ressource est la seule que
l'urgence des circonstances et la nécessité
laissent aux amis de la liberté et de l'ordre.
C'est donc au peuple qu'il appartient d'en
faire l'application, parce qu'en lui seul
résident essentiellement et la majesté de
la république et la souveraine autorité;
que seul il est tout-puissant pour y remédier; et enfin que les citoyens qu'il a
rendus dépositaires de son autorité, ne
sont que ses représentans, qu'ils ne peuvent
agir que ministériellement, et jamais avec
cette puissance coactive et régénérative que
le peuple ne leur a pas déléguée, et dont le
peuple seul est le principe : mais, et nous
ne sçaurions trop le répéter, on ne doit

avoir recours à ces moyens, que dans le cas où l'on découvriroit que les chefs du gouvernement forment des projets, ou qu'ils agissent manifestement contre les principes, sans l'observation desquels la liberté ne sçauroit subsister.

On voit par ce que nous avons dit ci-dessus, en quoi consiste l'essence de la liberté, et le droit du peuple à la défendre contre ses ennemis. Cependant, pour en donner au lecteur une idée plus positive, nous prendrons pour exemple cette fameuse querelle qui dura à Rome pendant trois cents ans, au sujet du partage des terres conquises sur l'ennemi.

Les sénateurs chargés d'en faire le partage, se les divisèrent entre eux, n'en laissant au peuple qu'une très-petite partie. Cette injustice irrita tellement le peuple, qu'il promulgua une loi, par laquelle aucun sénateur ne pouvoit posséder plus de 500 acres de terre. Les sénateurs se récrièrent contre cette loi, et qu'elle portoit atteinte à leur liberté en limitant leurs possessions. Le peuple, de son côté, répétoit qu'il étoit dangereux pour la liberté, et même incompatible, que les sénateurs cherchassent, en

s'agrandissant,

...t, à réunir entre leurs mains
...... ou l'autorité. *Tite-Live*, en
...... le peuple avoit la justice de
..... et que le sénat étoit dans l'erreur,
..... néanmoins les deux parties d'avoir
..... de cette contestation le fondement
d'une guerre civile.

En effet, dans la suite des tems, les
Gracchus, qu'on regardoit comme les pro-
tecteurs de la liberté, s'étant mis à la tête
du peuple, dont ils avoient épousé la querelle, loin de recourir aux moyens qu'offroit la prudence pour ramener le sénat à
la raison, agirent avec tant de violence
et d'emportement, que ce premier ordre
de l'état fut obligé, pour pourvoir à sa sûreté, de se nommer Sylla pour général. Le
peuple ayant été instruit de cette démarche,
... aussi-tôt une armée, dont il donna le
commandement à Marius, et dès-lors Rome
fut livrée aux horreurs d'une guerre civile.

On ne peut disconvenir que les sénateurs qui s'étoient enrichis d'une façon si
injuste, n'en aient été la première cause :
mais aussi ce prétexte n'auroit pas dû exciter parmi le peuple une aussi grande fureur ; il ne devoit pas le saisir avec tant de

Tome II.   G

précipitation, ni le poursuivre d'une manière si violente. Le peuple auroit dû se rappeler la prudence de ses ancêtres, et il y auroit trouvé des moyens de modérer l'injuste ambition des nobles. Combien donc il est essentiel pour le peuple d'user de tous les moyens de conciliation, avant que de courir aux armes pour obtenir la réparation dont il auroit à se plaindre, puisque ce dernier remède étant le plus désespéré, il est de la prudence de ne le jamais employer qu'après avoir mis inutilement tous les autres en usage, et encore quand une nécessité impérieuse nous fait voir que la chose publique, que la liberté enfin est dans un danger imminent! Mais cette querelle, qu'il auroit sans doute été possible d'accommoder, fut la cause et le prétexte d'une guerre civile, qui, par les proscriptions, les supplices, les batailles gagnées ou perdues, par les massacres qui furent commis dans la capitale, fit verser le plus pur sang des deux ordres de l'état, dont elle avoit dissipé les richesses, et finit par détruire la liberté publique.

Et néanmoins il n'est pas indifférent de remarquer que cette guerre civile donna

chez les Lacédémoniens, afin
de la république ceux qui étoient
de former des desseins con-
la liberté générale : mais ces deux
s'apperçurent bientôt combien
institution étoit pernicieuse, en
éprouvant les dissentions civiles occasion-
nées par que quelques particuliers
faisoient de cet exil ; et les Grecs virent
avec douleur que l'on n'y avoit recours
que pour assouvir la haine que certaines
gens portoient aux citoyens les plus respectables, et qui avoient le plus mérité de
la patrie.

Les Romains, pendant tout le tems qu'ils
furent dans la pleine possession de leur
liberté, ne renoncèrent jamais à la faculté
de pouvoir exiger de ceux à qui ils avoient
confié les rênes du gouvernement, qu'ils
rendissent compte de leur administration, à
celle de les accuser, quand ils le jugeoient
à propos, devant le tribunal du peuple ;
mais ils conservoient également dans toute
la vigueur un décret du sénat, appelé *Tur-
pilianum*, qui condamnoit à une amende
considérable ceux qui intentoient des accu-
sations sur de faux exposés, et tous les
calomniateurs.

Aussi long-temps que l'on ne s'écarta pas de l'observation de cette règle, la république Romaine n'eut à redouter ni de se voir victime des projets ambitieux de ses chefs, ni ceux-ci, le danger d'être exposés aux clameurs et aux soulèvemens d'un peuple facile à égarer, et qui, dans sa fureur, devient sourd à toutes les persuasions de la sagesse et de la raison.

Et parce qu'il importe à la gloire et à la prospérité d'un état libre d'éviter tout reproche d'ingratitude envers les citoyens qui ont rendu des services importans à la république, la cinquième précaution consiste à ne confier à une même personne qu'une telle portion d'autorité, qu'il soit toujours facile de la limiter ou de la suspendre, plutôt que de souffrir que l'exercice en devienne dangereux entre ses mains ; et, par cette raison, il est nécessaire que l'on ait la faculté de la lui retirer, sans danger pour la chose publique, et à volonté.

La raison de la circonspection avec laquelle on doit confier l'exercice de l'autorité, est fondée sur ce proverbe : *Honores mutant mores*, les honneurs changent les mœurs ; et plus on a étudié le cœur humain,

humain, plus on est persuadé que les honneurs, les richesses, les dignités acquises
ou conservées, exposent l'homme à des tentations irrésistibles ; que toute sa vertu et
toute sa sagesse opposent à leur effort une
résistance qui est toujours trop foible
contre le flot impétueux de toutes ces
puissances réunies.

La royauté, la gloire et l'éclat qui l'ac-
compagnent, ont un attrait si séduisant,
que, sans un courage extraordinaire (le
courage de la vertu), il est presque impossible de s'y refuser. Celui-là seul qui s'élève
par sa sagesse autant au dessus des autres
hommes, que le citoyen d'un état libre l'est
lui-même au dessus de ces hommes que le
hazard de la naissance a placés sur le trône,
(et qui n'échappent un peu plus tard à
l'oubli, que parce qu'ils ont été des *rois*),
pourra dédaigner la royauté et ses illu-
sions, et sa grandeur trop souvent fragile.
Combien de républiques et d'états libres
ont éprouvé, par leur négligence à cet
égard, tous les maux qui résultent de la
permanence du pouvoir, et qui se sont vus
dans la nécessité d'obéir enfin, et de se
soumettre aux volontés d'un sujet qui n'a-

voit de puissance que leur amour , et qui
s'étoit fait de leur faveur même un titre
de plus pour les asservir. On n'en sera
point étonné , si l'on considère que l'homme , du moment qu'il parvient à une puissance sans bornes , s'abandonne à des pensées pleines d'ambition et d'orgueil : esclave
de sa grandeur , il accueille toutes les idées
qui lui semblent propres à l'accomplisse-
ment de ses désirs, sans examiner toute
leur absurdité , et sans que ni ses remords
ni ses réflexions puissent l'en détourner ;
car l'ambition est une espèce de fréné-
sie (*a*) , qui ôte à celui qui s'y livre,

(*a*) Cette passion infortunée rend d'abord malheureux , l'ambitieux qu'elle possède ; elle l'avilit ensuite et le dégrade ; enfin elle le conduit à une
fausse gloire , par des moyens injustes qui lui font perdre la gloire véritable. Tels sont les caractères honteux
de l'ambition , de ce vice dont le monde honore ses
vertus , et dont les courtisans s'honorent si fort eux-
mêmes.... L'ambition, ce désir insatiable de s'élever au dessus et sur les ruines même des autres ; ce
ver qui pique le cœur et ne le laisse jamais tranquille ; cette passion qui est le grand ressort des intrigues et de toutes les agitations des cours, qui
forme les révolutions des états , et qui donne tous
les jours à l'univers de nouveaux spectacles ; cette
passion qui ose tout, et à laquelle rien ne coûte,

la liberté de suivre sa raison. Il suffit à l'homme le plus sage d'en écouter les mou-

---

est un vice encore plus pernicieux aux empires, que la paresse même.

Déjà il rend malheureux celui qui en est possédé : l'ambitieux ne jouit de rien ; ni de sa gloire, il la trouve obscure ; ni de ses places, il veut monter plus haut ; ni de sa prospérité, il sèche et dépérit au milieu de son abondance ; ni des hommages qu'on lui rend, ils sont empoisonnés par ceux qu'il est obligé de rendre lui-même ; ni de sa faveur, elle devient amère dès qu'il faut la partager avec ses concurrens ; ni de son repos, il est malheureux à mesure qu'il est obligé d'être plus tranquille : c'est un Aman l'objet souvent des désirs et de l'envie, et qu'un seul honneur refusé à son excessive autorité rend insupportable à lui-même.

L'ambition le rend donc malheureux ; mais de plus, elle l'avilit et le dégrade. Que de bassesses pour parvenir ! Il faut paroître, non pas tel qu'on est, mais tel qu'on nous souhaite. Bassesse d'adulation ; on encense et on adore l'idole qu'on méprise : bassesse de lâcheté ; il faut savoir essuyer des dégoûts, dévorer des rebuts, et les recevoir presque comme des graces : bassesse de dissimulation ; point de sentimens à soi, et ne penser que d'après les autres : bassesse de déréglement ; devenir les complices et peut-être les ministres des passions de ceux de qui nous dépendons, et entrer en part de leurs désordres, pour participer plus sûrement à leurs graces : enfin bassesse même d'hypocrisie ; emprun-

vemens, pour que bie tôt il paroisse dé-
pourvu d'esprit et d'intelligence ; pressé

ter quelquefois les apparences de la piété ; jouer
l'homme de bien pour parvenir, et faire servir à
l'ambition la religion même qui la condamne. Ce
n'est point là une peinture imaginée ; ce sont les
mœurs des cours, et l'histoire de ceux qui y vivent.

Qu'on nous dise, après cela, que c'est le vice des
grandes ames! C'est le caractère d'un cœur lâche et
rampant ; c'est le trait le plus marqué d'une ame
vile. Le devoir tout seul peut nous mener à la
gloire : celle qu'on doit aux bassesses et aux intrigues de l'ambition, porte toujours avec elle un
caractère de honte qui nous déshonore ; elle ne promet les royaumes du monde et toute leur gloire,
qu'à ceux qui se prosternent devant l'iniquité, et
qui se dégradent honteusement eux-mêmes : *Si ca-
dens, adoraveris me.* On reproche toujours vos bassesses à votre élévation ; vos places rappellent sans
cesse les avilissemens qui les ont méritées ; et les
titres de vos honneurs et de vos dignités deviennent
eux-mêmes les traits publics de votre ignominie.
Mais dans l'esprit de l'ambitieux, le succès couvre la
honte des moyens ; il veut parvenir, et tout ce qui
le mène là est la seule gloire qu'il cherche : il regarde ces vertus Romaines, qui ne veulent rien
devoir qu'à la probité, à l'honneur et aux services,
comme des vertus de roman et de théâtre, et croit
que l'élévation des sentimens pouvoit faire autrefois
l'élévation des héros de la gloire, mais que c'est la
bassesse et l'avilissement qui fait aujourd'hui ceux
de la fortune.

d'arriver au terme de ses désirs, il y court avec une vivacité indiscrète, sans être guidé par la prudence, ni retenu par la crainte.

Il est donc de la dernière imprudence pour un peuple habitué à jouir de sa liberté, et particulièrement pour celui qui vient de la conquérir, après avoir subjugué la tyrannie, de disposer tellement de l'exercice de son autorité, qu'il ne laisse à l'ambition aucune sorte d'espérance. C'est ainsi qu'il prémunira ses chefs contre toutes les tentations de l'intérêt personnel, et qu'il parviendra à éviter ces dissentions intes-

---

Ainsi l'injustice de cette passion en est un dernier trait encore plus odieux que ses injustices et sa honte. Oui, Citoyens, un ambitieux ne connoît de loi que celle qui le favorise. Le crime qui l'élève, est pour lui comme une vertu qui l'ennoblit. Ami infidèle, l'amitié n'est plus rien pour lui, dès qu'elle intéresse sa fortune ; mauvais citoyen, la vérité ne lui paroît estimable qu'autant qu'elle lui paroît utile ; le mérite, qui entre en concurrence avec lui, est un ennemi auquel il ne pardonne point : l'intérêt public cède toujours à son intérêt propre ; il éloigne des sujets capables, et se substitue à leur place ; il sacrifie à ses jalousies le salut de l'état ; et il verroit avec moins de regret les affaires publiques périr entre ses mains, que sauvées par les soins et les lumières d'un autre. MASSILLON.

H 3

tines, dont la suite a toujours fini par la ruine de la liberté publique.

César prend les armes pour soutenir les intérêts du peuple, qui lui défère le commandement des armées : mais à peine il se voit revêtu d'un pouvoir sans bornes, qu'il se livre aux projets les plus ambitieux ; il oublie ses fidèles amis ; il perd de vue ces devoirs qui n'étoient que la conséquence de ses anciens principes, et il saisit la première occasion favorable de tourner ses armes contre la liberté publique.

Ce fut ainsi que Sylla, défenseur du sénat, et Marius, protecteur du peuple, ont été respectivement deux tyrans réels, quoiqu'ils n'en eussent pas le nom et qu'ils n'en eussent point pris le titre, ni la pompe extérieure qui accompagne ordinairement la puissance absolue.

Pisistrates à Athènes, Agathocle en Sicile, Cosme de Médicis, Soderino et Savanarola à Florence, Castruccio à Luques, suivirent les mêmes principes, et firent éprouver à leurs concitoyens tous les malheurs qui résultent du renversement de la liberté. On se souvient encore des dangers auxquels la maison d'Orange a exposé la liberté des Hollandois ; et ce fut toujours cette même cause qui , dans toutes les parties de l'univers , opéra la dissolution des états libres.

La neuvième et dernière règle que l'on doit observer dans un état libre, laquelle est essentiellement liée à la liberté publique , consiste à regarder comme criminel de haute trahison , et indigne d'aucune espèce de faveur et de grace, celui des citoyens qui auroit attenté contre les droits et la majesté du peuple.

Afin de traiter cet article avec toute la clarté dont il est susceptible , il nous semble nécessaire de retracer ici quelques exemples de ces actions qui , suivant la coutume et les actions différentes de chaque nation , ont été considérées comme un crime de trahison.

La première dont parle l'histoire Romaine, est la conspiration formée par les fils de Brutus, pour rétablir à main armée les Tarquins sur le trône. Tout paroissoit inviter la nouvelle république à user d'indulgence à l'égard des enfans du fondateur de sa liberté ; néanmoins ils furent condamnés à la mort , et Brutus parut lui-même

le plus inflexible et le plus empressé à faire
exécuter cet arrêt, quelque cruel qu'il fût
pour lui, afin de montrer aux siècles à venir
qu'un crime de cette nature ne laissoit aux
coupables aucune espérance de rémission.

Cette trahison des fils de Brutus étoit
un véritable attentat contre la liberté publique; mais il s'en forma par la suite dont
la trame étoit ourdie avec plus d'art et de
raffinement, et qui, par cette raison, furent
plus difficiles à éviter. Telles furent celles
dont les Romains se virent menacés par
la conduite de Manlius et Mœlius, de
ces citoyens qui avoient rendu à la république les services les plus signalés, et
notamment le dernier, qui avoit mérité
le surnom de Capitolinus, en repoussant
les Gaulois déjà maîtres de Rome et qui
assiégeoient le capitole. Mais dans la suite,
la reconnoissance du peuple, prodigue envers ces deux grands hommes, les ayant
élevés au dessus de cette égalité qui doit
régner parmi les citoyens, ils formèrent
le dessein d'envahir la liberté publique :
le peuple Romain se vit alors forcé à prononcer, quoique la douleur que cette sen-
tence lui causoit, se manifestât par l'abon-

dance de ses larmes, l'arrêt qui condamnoit à la mort deux citoyens dont le premier avoit sauvé la république.

Une autre espèce de trahison dont ce peuple éprouva encore toute l'horreur, fut celle dont se rendirent coupables les décemvirs. Tite-Live, Pomponius, et tous les écrivains qui ont parlé de l'ancienne Rome, dévoilent leur crime et leur punition.

Une quatrième sorte de trahison, enfin (contre laquelle un peuple libre ne sçauroit se défendre avec trop de sagesse), consiste dans les usurpations manifestes, telles que celles qui ont été si souvent commises long-tems avant celle de Jules César.

Dans toutes ces circonstances, on voit par l'histoire, que la république se montra toujours inflexible à l'égard de ceux de ses citoyens qui, soit ouvertement, soit par des moyens plus lents, attaquèrent une liberté dont elle se crut toujours obligée de venger les droits, sans que, pour aucune considération, il fût possible de fléchir sa rigueur.

J'ajouterai à ces exemples tirés de la politique de l'ancienne Rome, ce que celle des Vénitiens prescrit à ce sujet. Ce peuple, le plus sévère sur ce point, de tous les peuples qui existent, ne doit sa conservation qu'à la peine de mort qu'il fait indistinctement subir à quiconque est convaincu d'avoir formé un dessein contre sa liberté, et qui auroit conspiré contre la république. Et, par la raison que cette sévérité des Vénitiens s'étend à plusieurs crimes d'une nature moins alarmante pour la chose publique, je vais en rapporter ici les principaux.

Un sénateur qui révèle les décisions du conseil, se rend coupable de trahison : là c'est un crime qui ne se pardonne point, et qui est toujours puni de mort.

Cette rigueur excessive étoit aussi en usage dans la république Romaine, qui avoit pensé que le feu ou le gibet pourroient seuls venger une faute aussi énorme. De là le profond mystère qui voiloit les délibérations du sénat, puisque, selon Valère Maxime, livre 11, lorsque quelque question y étoit proposée ou débattue, elle étoit dans l'état de celles dont personne n'avoit entendu parler, quoiqu'elle eût été agitée dans une assemblée nombreuse. Cette coutume admirable, et qui, par son immuta-

bilité, étoit si précieuse, avoit fait donner
aux décrets du sénat Romain le nom de
Tacita, parce que les projets qui y étoient
arrêtés n'étoient connus du public que par
leur exécution.

En troisième lieu, c'est un acte de trahison, et pour lequel tout sénateur ou officier de la république de Venise est irré-
vocablement condamné à une mort honteuse, sans qu'il soit jamais possible d'espérer de pardon, que d'enfreindre la loi
qui défend, sous quelque prétexte que ce
soit, de devenir pensionnaire ou de recevoir des gratifications d'aucun prince ou
d'aucun état étranger (a). Si en effet les

______

(a) Voyez, troisième Philippique de Démos-
thène, avec quelle véhémence cet ennemi des rois,
et qui soutint seul, par son éloquence, toute la
gloire des Athéniens, voyez ce qu'il dit sur ce sujet;
et vous serez convaincus combien cette espèce de trahison, qui consiste à recevoir des présens, et qui
excita toute l'indignation du prince des orateurs,
est propre à diminuer de notre zèle, en même tems
qu'elle éteint et anéantit dans nos ames le feu sacré
de l'amour de la liberté, de la patrie, de l'indépendance; elle nous rend indifférens à la prospérité de
l'état, et nous en devenons, sinon les ennemis les plus
à craindre et les plus dignes de mépris, du moins ceux

Païens ont pensé que les dieux pourroient
se laisser fléchir par des offrandes , quels

---

de tous contre lesquels les supplices dont on se sert
pour épouvanter les coupables , sont insuffisans
par la gravité des conséquences , et par tous les
malheurs qu'une telle conduite amasse pendant la
paix, pour les répandre comme les eaux grossies
d'un grand fleuve, et, tout ainsi que ce fleuve,
pour renverser et pour détruire tout ce qui pourroit s'opposer au cours rapide et impétueux de tant
de maux. O Français, peuple magnanime ! tu n'as
pas oublié combien la gloire de tes armes , la richesse
et la prospérité de ton commerce, la majesté de ton
nom, celle de ton roi, trop souvent ont été sacri-
fiées à ces lâches, qui préféroient un or vil à la destinée d'un grand peuple, qui trafiquoient de sa puissance, de sa grandeur, et dont la politique consis-
toit toute entière à livrer à propos ou perdre des
batailles ; de ces hommes qui, tour-à-tour ineptes,
fourbes , vils et méchans , dédaignoient tous ces
moyens régénérateurs, dont la puissance coërcitive
et toujours égale peut seule raviver un état. Sans
doute les destinées de la France , devenue libre ,
ne seront plus à l'avenir dépendantes de la haute
scélératesse d'un monarque féroce et imbécille , de
celle de ses ministres souples, audacieux, ardens à
se livrer à des projets dont l'exécution se termine
enfin par les obliger, malgré eux, à risquer tout
pour couvrir l'immoralité de leur conduite et
leur impéritie dans les affaires. Voyez encore ce

funestes effets les présens ne doivent-ils pas produire sur de simples mortels? Arbitres de l'état, ils envisageront moins ce qui peut être avantageux à la république, que ce qui peut concourir aux desseins et flatter les vues de leurs bienfaiteurs particuliers : c'est ainsi qu'une pluralité servile étouffera souvent la voix de la patrie. La république de Venise ne craint point une trahison si odieuse, et les états qui veulent entrer en négociation avec elle, doivent, avant que de s'y engager, moins consulter ce que leur permet leur opulence, que ce qu'ils doivent espérer de la justice de leur cause. La France, dit M.

---

que dit *Domat* dans ses Harangues, à l'occasion des présens que l'on offre aux juges, et que les juges reçoivent : ce grand homme s'exprime avec une éloquence si vraie, si rapide ; il fait que la pure lumière de la vérité devient sensible, même à ceux dont l'esprit seroit le moins disposé à la recevoir. Si nos Législateurs érigeoient un tribunal où iul fut permis d'accuser ceux de nos magistrats qui ont été souillés par un or corrupteur, je proposerois que l'avocat général Seguier, si célèbre et si connu par ses relations avec le trésor royal, fût condamné à lire à l'audience de ce tribunal les Harangues de Domat. *Note du Traducteur.*

de Thou, aura toujours beaucoup de facilité à gagner par argent les princes et les états d'Italie, si l'on en excepte la république de Venise; parce que celle-ci est inflexible dans sa rigueur contre ceux de ses chefs qui reçoivent une solde étrangère, lorsque, dans les autres états, de pareils lâches échappent assez facilement à la vengeance publique.

Nul sénateur ne peut, sans se rendre coupable d'une quatrième espèce de trahison, avoir une conférence particulière avec les ambassadeurs, les ministres, ou les agens que les puissances étrangères entretiennent auprès de la république. Et certes on ne peut reprocher aux Vénitiens d'être trop rigides en ce point, si l'on observe avec attention que, parmi les chefs d'accusation qui firent condamner le fameux Barneveld à avoir la tête tranchée, les ennemis de ce grand homme insistèrent sur les conférences qu'il avoit eues, et sur la façon familière dont il avoit vécu avec l'ambassadeur Espagnol, malgré que les deux peuples fussent en guerre.

Après cet exposé de la conduite et des sentimens des états libres les plus renom-

... aient paru dans le monde, on ... naturellement, avec les peu... des états, que le moyen le plus ... conserver la liberté d'une nation, ... regarder, en tout tems, comme un crime qui ne peut être pardonné, toute action qui, semblable, par sa nature, à celles que l'on vient de rapporter, peut mettre en danger l'intérêt et la majesté du peuple dans un état libre.

Mais revenons au but principal de cette partie de notre ouvrage, qui est d'exposer les erreurs que l'usage a consacrées dans la politique.

La quatrième erreur en politique, et qui est devenue si générale qu'on pour-rait la comparer à une épidémie qui in-fecte et qui détruit la morale des états, consiste à se laisser gouverner dans l'ad-ministration des affaires, sans aucun égard pour ce qu'exigent les loix d'une probité rigoureuse. Cette erreur, connue sous le nom de *raison d'état*, est d'autant plus dangereuse, qu'elle est commune à pres-que toutes les nations de l'univers. Mais afin d'éviter que l'on ne donne à ce mot une acception différente que celle que nous

lui donnons nous-mêmes, et que nous con-
damnons, par raison d'état nous ne voulons pas entendre ces sages résultats de la
prudence, de l'équité et de la saine raison,
qui seuls suffisent, et desquels dépend
essentiellement la sûreté des princes et des
états ; mais au contraire, et particulièrement, ces décisions fondées sur des principes corrompus, que les rois ont invoqués
pour légitimer et pour avouer des fautes
commises par des vues secrètes et cachées.
Cette raison d'état, proprement dite, est
celle qui n'a pour base que la volonté d'un
ministre qui considère l'occasion d'accroître son crédit, d'assouvir son avarice, ou
de satisfaire sa vengeance, comme un mo-
tif suffisant pour exécuter un projet qui
pourra, à la vérité, procurer un avantage
momentané, mais qui est évidemment contraire aux préceptes divins et aux loix de
la probité, qui soumettent toutes les nations, les unes à l'égard des autres, à tous
les principes d'une morale équitable et sévère, et dont la justice repose sur les bases d'une réciprocité bienfaisante. Je vais
donc la définir telle qu'elle doit l'être, afin
que ses principaux caractères étant par-

faitement

faitement connus, on ne puisse plus s'y
méprendre. Nous donnerons donc ici une
description plus vraie de cet étrange mo-
teur appelé *raison d'état*, au nom duquel
on commande avec le plus d'empire, et
qui est consulté avec le plus de soin ; ame
de l'état, il en règle les mouvemens, et
proscrit les moyens d'en maintenir la gloire :
c'est par cette raison d'état que l'on répond
aux objections, et que se décident les querelles survenues par les suites d'une mauvaise administration ; c'est sous le prétexte
de la raison d'état, que l'on entreprend des
guerres, que l'on publie des édits bursaux,
pour exiger de nouveaux impôts ; c'est en
son nom et d'après ses principes, que l'on
soustrait les criminels à la rigueur des loix,
ou qu'on les sacrifie ; cette raison d'état,
enfin, est ce qui a souvent déterminé si
l'on enverroit et si l'on recevroit des ambassadeurs.

C'est elle qui autorise le politique à se
dédire de ce qu'il avoit avancé, à renverser l'ouvrage qu'il venoit d'élever (*a*), à

______

(*a*) Voyez *Caractères* de LA BRUYERE, tome I,
chapitre X, DU SOUVERAIN *ou* DE LA RÉPUBLIQUE. On
ne peut rien ajouter au portrait qu'il a fait de la

abandonner les anciennes coutumes pour en substituer de nouvelles, et à trouver de la conformité entre les choses les plus contraires. Si vous lui proposez une difficulté qui semble d'autant plus insurmontable, que le cas n'en a pas été prévu, que l'antiquité n'en offre point d'exemples, et que les loix divines sont comme non avenues en cette occasion, par l'ensemble et la complication extraordinaire du fait dont il s'agit, la raison d'état la fera découvrir à ceux qui s'en sont rendus les interprètes et les ministres ; et à l'instant même, mille moyens de la résoudre, qui échappent à un homme droit, sage, et plein de franchise. Cette souveraine absolue, que les Italiens appellent *raggiano di stato*, paroît tantôt avec l'insolence d'un soldat, et tantôt avec l'amabilité, les graces et l'*insignifiante* suffisance d'un courtisan ; elle affecte dans une circonstance le ton folâtre d'un histrion ; une autre fois vous la voyez avec

---

cour, de la politique, des courtisans, des ministres, et de la profonde dissimulation dont les ambassadeurs, et ceux connus sous le nom de ministres plénipotentiaires, font usage pour tromper et n'être pas trompés.

toute la gravité imposante d'un premier
magistrat; en un mot, elle est plus variée
dans les formes, que la lune paroît incons-
tante par ses phases.

Telle est cette raison d'état à laquelle on
doit opposer une méthode beaucoup plus
excellente, qui consiste à mettre toute sa
confiance en Dieu, lorsque l'on se trouve
dans la nécessité de faire des actions vi-
goureuses qu'exige la justice; c'est alors
que l'homme de probité satisfait doit se dire:
Fiat justitia, et fractus illabatur orbis.
Qu'un homme se conduise suivant les loix
de la plus exacte doctrine, que, fidèle à
remplir ses promesses, il soit inébranlable
dans ses principes, il verra d'un œil égal
toutes les puissances conjurées contre lui;
toute sa force est en Dieu, en qui il a mis
sa confiance; il sait que Dieu seul peut le
soutenir; et ne s'écartant jamais des voies
que l'Eternel lui a tracées, il marchera
d'un pas ferme; il ne sera point agité par
ces inquiétudes dévorantes qui viennent
atterrer sans cesse le succès des méchans;
il n'éprouvera ni ces ardeurs brûlantes,
ni ces frissonnemens, qui sont le supplice
de ceux qui redoutent à chaque instant

qu'on ne dévoile leurs perfidies et leur ruse.
Si cet homme juste, enfin, obtient le succès qu'il désire, n'est-il pas suffisamment
récompensé en considérant qu'il a procuré
le bien de sa patrie? et s'il meurt avant
que d'avoir couronné ses entreprises, il
descend au tombeau couvert d'une gloire
que rien ne peut diminuer. Il n'en est pas
ainsi de ceux qui immolent sans cesse leurs
remords à cette divinité fatale, *raggione di
stato* ! Ils vivent comme des dieux; mais
la mort les confond avec les hommes les
plus vils, et leur mémoire se perd avec celle
des princes qu'ils ont servis.

Mais parce que ni les paroles, ni tous
les efforts de l'éloquence ne pourroient
déterminer les peuples à rejeter une erreur
consacrée par un usage qui est devenu
presque général, je vais, pour la combattre avec ses propres armes, rassembler
les différens exemples que nous présente
dans les siècles passés, l'histoire de toutes
les nations.

Ce fut cette raison d'état qui engagea
Pharaon à retenir les Israélites en esclavage; et quand ensuite il les eut affranchis, il fit tout ce qu'il lui étoit possible

pour les y assujettir de nouveau : tout le
monde sait quel fut le sort de ce prince.
Ce fut cette raison d'état qui détermina
Saül à épargner Agag, et à tramer la perte
de David. Elle porta Achitopel à conseiller
à Absalon le crime qu'il commit, en abu-
sant des concubines de son père, à la face
de tout Israël. Elle fit entrer Abner dans
les intérêts de Saül, et décida Joab à le
tuer, dès qu'il fut devenu son rival. L'E-
criture nous apprend quelle a été la fin
malheureuse de ces deux personnages.

Cette raison d'état fit que Salomon prit
un léger prétexte pour faire périr Adonias,
quoiqu'il lui eût antérieurement accordé
un pardon généreux. Cette raison d'état
persuada à Hérode d'attenter à la vie de
J. C. par le massacre de tant d'innocens,
aussi-tôt qu'il fut instruit de sa naissance,
et fut la cause de l'union de ce prince et
des Juifs, pour faire souffrir une mort infame au Sauveur des hommes, qui a été
suivie de la punition des Hébreux, dont
la ville fut détruite et la nation dispersée.

Cette raison d'état est le fondement de
l'étroite alliance que le pape et les cardinaux entretiennent entre eux et les princes

de leur communion, pour maintenir les peuples dans un état d'esclavage ; mais, quelle que puisse être la prudence avec laquelle ils continuent cette association fatale, elle occasionnera leur ruine tôt ou tard.

Cette raison d'état engendra les croisades, qui coutèrent tant de millions d'hommes à l'Europe. Cette guerre si sainte, excitée par les papes, fut formée, d'une part, pour ôter aux princes tous les moyens de s'opposer aux usurpations des pontifes, et, de l'autre, pour détourner les peuples de toute idée, et leur retirer la facilité de s'affranchir de la tyrannie sous laquelle les princes les faisoient gémir.

On s'est servi de cette raison d'état pour justifier les crimes atroces dont César Borgia se rendit coupable, et les torrens de sang dont il inonda une province de l'Italie : mais ce monstre ne jouit pas du fruit de ses forfaits ; la Providence le retira de dessus la terre, avant que ses espérances aient été couronnées.

La même raison conduisit un grand roi au pied des autels, pour y abjurer sa religion et reconnoître l'autorité du pape. Il

conversion lui concilieroit [la faveur?] du parti catholique ; mais il [mourut?] bientôt, et il expira sous le [joug du] fanatisme.

[Édouard?] III, roi d'Angleterre, n'écou[tant que cette] raison d'état, devient l'as[sassin de son] propre neveu ; mais la ven[geance divine le] poursuivit même après sa mort.

Cette raison d'état fit prendre les armes à Henri VII (a), pour détruire la famille des *Plantagenet*, et porta son fils et son successeur à rougir les échafauds du sang d'un grand nombre de ses sujets, qu'il persécuta tour-à-tour, soit qu'ils professassent la religion Protestante, ou qu'ils [demeur]assent constamment attachés aux [dog]mes de l'église de Rome.

[Fidèle] à cette même raison d'état, les [injust]ices de Marie surpassèrent les crimes [e]t les iniquités de son père ; et les vertus [de sa] sœur, qui lui succéda, ne purent en

___

(a) Les artifices d'Henri VII ressembloient à ces [poisons] lents qui détruisent le tempérament, mais qui ne deviennent mortels qu'au bout d'un tems fort éloigné. ROBERTSON.

I 4

effacer la mémoire. Si l'illustre Elisabeth a mérité les reproches de la postérité, ce fut en préférant cette raison d'état aux véritables intérêts de la religion, par la protection qu'elle accorda toujours à l'ordre des prélats. Cette reine, ne laissant après elle aucun héritier de la maison d'Yorck, présentoit une occasion favorable d'abolir la monarchie; mais cette perfide raison d'état persuada aux Anglais de perpétuer la royauté dans la personne de Jacques VI, roi d'Ecosse. Ce prince en fit la règle de sa conduite, et lui sacrifia également ce qu'exigeoient les intérêts de la foi et les règles de la probité. Il en donna des preuves manifestes à l'Europe entière, lorsqu'abandonnant la cause de la religion Protestante, liée avec celle de l'électeur Palatin, il prétexta des engagemens qu'il avoit contractés avec la maison d'Autriche.

Enfin cette même raison d'état aveugla tellement son fils, que, dans le dessein d'abolir la religion et la liberté de son pays, ce prince malheureux (et dont les courtisans avoit calomnié toutes les vertus, en en empoisonnant la source),

entreprit une guerre qui lui couta la vie,
et qui devint la source de tous les malheurs qui n'ont cessé d'accabler sa famille (*a*).

(*a*) Ce fut par raison d'état que Louis XV eut la
foiblesse de consentir à l'arrestation faite à Paris du
prince Edouard Stuard, son proche parent; de ce
prince qu'il étoit de son honneur de protéger,
d'accueillir, et de faire respecter même par les
princes de son sang. Ce fut elle qui fit commettre à
Pierre I tant de cruautés et de crimes, qui lui fit
immoler son fils aîné, et traiter de la manière la
plus tranquillement féroce, la princesse Eudoxie
Fœderowna, sa première femme, dont la cheva-
lière d'Eon nous a transmis l'histoire si touchante,
si propre à inspirer pour un sèxe foible et délicat,
un respect sincère, et je ne sais quelle vénération;
on se sent attendri jusqu'aux larmes, en parcou-
rant une histoire dont toutes les pages nous offrent
alternativement les crimes du monarque et la patience et les vertus d'Eudoxie. N'est ce pas la raison d'état qui détermina Tibère à signaler les com-
mencemens de son règne par le meurtre d'Agrippa?
Il ne faut, dit la Bruyère, «ni art ni science pour
exercer la tyrannie; et la politique qui ne consiste qu'à répandre le sang, est fort bornée et de
nul raffinement; elle inspire de tuer ceux dont la
vie est un obstacle à notre ambition : un homme né
cruel fait cela sans peine; c'est la manière la plus
horrible et la plus grossière de se maintenir ou de

Tous ces exemples suffisent pour démontrer que faire dépendre sa conduite,
et par préférence à tout, de cette raison
d'état, qui dévie sans cesse des loix de la
justice et de l'équité, c'est donner dans
une erreur politique, dont les suites ont
toujours été funestes à ceux-mêmes qui
en ont suivi les maximes avec le plus de
circonspection, puisque, dans tous les tems
et chez toutes les nations, cette raison
d'état a précipité la ruine des particuliers,
des familles ou des nations qui l'ont
suivie.

Cinquièmement, une nouvelle erreur
très-préjudiciable en politique, ce seroit
de confier à un seul homme, ou à plusieurs familles constamment unies à cet
effet, le pouvoir législatif et le pouvoir
exécutif de l'état.

Par le pouvoir législatif, nous entendons

s'agrandir ». Mais pour un peuple libre, il ne peut
y avoir d'autre raison d'état que celle avouée par
l'honneur, par la franchise et par la vérité. C'est
cette raison de l'honneur et de la vérité qui porta
Aristide à rejeter l'avis proposé par Thémistocle, par
cette seule considération qu'il étoit utile, mais qu'il
n'étoit pas honnête. *Note du Traducteur.*

l'autorité absolue de créer, d'interpréter et d'annuller les loix, dans un gouvernement bien administré : ce pouvoir n'a jamais résidé que dans les conseils et dans les assemblées solemnelles et successives de la nation. Le second, qui émane du premier, est cette autorité confiée à une seule personne, connue sous le nom de *prince*, ou celle conférée à plusieurs individus que l'on a appelés *sénateurs* : cette autorité donne le droit de faire exécuter les loix qui ont été faites pour le plus grand avantage du gouvernement.

De cette division bien entendue, il résulte que, dans un cas tout-à-fait extraordinaire, on ne peut unir ces deux pouvoirs dans les mains d'une même classe de citoyens, dont les intérêts réunis deviendroient directement contraires à celui de l'état, sans exposer la république aux plus grands dangers. (*a*) Il est donc né-

(*a*) Le lecteur verra dans l'appendice de ce volume, chapitre I du livre III du Contrat social, que j'ai annoncé à la fin de la préface de cet ouvrage, avec quelle sagesse, quelle profondeur et quelle clarté de principes J. J. Rousseau a discuté, sous tous ses rapports, la nécessité de cette division du pouvoir.

cessaire que ces deux pouvoirs viennent dans des mains différentes, ne se réunissent jamais dans les mains d'un seul, excepté dans le cas d'un péril imminent pour la liberté publique ; or la gravité et l'importance même d'un péril aussi grand ne peuvent jamais être que d'une courte durée.

Si en effet les Législateurs en qui réside le pouvoir suprême de la nation qui leur en a confié l'exercice, devenoient eux-mêmes les interprètes et les dispensateurs des loix et de la justice, le peuple se verroit, par une conséquence nécessaire et naturelle, privé de toute ressource pour obtenir la réparation des griefs dont il auroit à se plaindre, parce qu'il est absurde d'appeler en jugement ceux-là mêmes qui, en vertu du souverain pouvoir dont ils se trouvent investis, ne font avec la loi qu'une et même puissance. Admettre un pareil paradoxe, c'est saper la politique des peuples dans ses fondemens, puisqu'il a toujours été raisonnable de supposer qu'il se trouveroit des magistrats ou des gouverneurs qui pourroient se rendre coupables de transgression, et commettre des actions injustes : or il est contraire aux règles d'une sage politique, que le peuple n'ait aucun moyen de se mettre à l'abri des passions et de l'iniquité de ceux auxquels le pouvoir de faire les loix auroit été confié.

Et il est certain que toutes les nations libres qui ont existé avant nous, ont eu le plus grand soin de diviser ces deux espèces de pouvoirs, et de ne pas les confier dans les mêmes mains, mais au contraire dans celles de personnes différentes, afin que les officiers ou magistrats que le peuple avoit chargés de la création et de la rédaction des loix qui doivent servir de règles à l'administration, ne fussent jamais les mêmes qui dussent, en y obéissant, veiller à ce que le peuple s'y conformât. Ainsi ces nations étoient toujours heureuses, parce que ceux à qui on avoit confié l'exécution des loix et de la discipline, ne pouvoient jamais s'affranchir de l'obligation de rendre compte au tribunal suprême à qui le peuple avoit remis le pouvoir de faire les loix, et en qui résidoit ce que nous nommons le pouvoir législatif. On remarquera en outre,

que, si les rois ou les magistrats héréditaires,
ont toujours exercé une autorité absolue
sur le peuple, ce n'a été que lorsque par
une adresse criminelle, ils sont parvenus
à usurper et à s'arroger l'exercice de ces
deux pouvoirs; ce qui n'a dû avoir lieu que
par dégrés insensibles, et par une suite
de cette propension du pouvoir vers le
despotisme. Ainsi au gouvernement paternel des patriarches et des bons rois, on
a vu succéder le régime absolu des monarques, qui, n'écoutant que leurs volontés
arbitraires, ont enfin assujetti l'univers,
après avoir dépouillé les peuples de leur
liberté et de tous leurs droits à sanctionner
les loix.

Cicéron, dans son IIe. livre *De Officiis*,
et dans son IIIe. *De Legibus*, en parlant de
la première institution des rois, nous dit
que le premier moyen dont ils se servirent
pour substituer leur volonté à l'autorité
sacrée des loix, et se livrer aveuglément
à leurs caprices, fut de réunir en leur
personne la double puissance de créer
les loix et de les faire exécuter. Que ré-
sulta-t-il d'une union aussi monstrueuse, et
d'une conduite aussi absurde? On ne vit

plus qu'injustices ; et ces injustices étoient
telles, qu'il devenoit impossible d'obtenir
aucune réparation, jusqu'à ce que le peuple sentit la nécessité de se donner des
loix qui fixassent le mode de son gouvernement. Ce fut alors qu'il institua les
assemblées solemnelles et successives de
la nation, dans lesquelles résidoient essentiellement le pouvoir législatif ; et que,
par ce moyen, les rois, dans les états où
ils furent conservés, virent leur puissance tellement limitée, qu'ils ne pouvoient plus rien faire dans le gouver-
vernement qui ne fût conforme à ses loix,
dans la crainte, s'ils s'en écartoient, que
leur empiètement ou leurs fautes ne fussent soumis au jugement des grandes assemblées, qui auroient usé du droit de
s'y opposer, et de les punir suivant la
gravité des circonstances. Les anciennes
histoires d'Athènes, de Sparte, et des autres
provinces de la Grèce, nous prouvent que
c'étoit, pour ces états libres, une maxime
constante de ne point confondre le pouvoir législatif et la puissance exécutrice ;
car, quelque différence qu'il y eût dans
le mode de leur gouvernement, toutes ces

républiques jouiront d'abord plus ou moins
de leur liberté, jusqu'à ces époques mal-
heureuses, et si différentes, auxquelles
ces états furent soumis au joug des tyrans.

Le sénat de Rome, dans les premiers
tems de son institution, ne balança pas à
sacrifier son premier roi (dont le corps
fut déchiré et mis en pièces), parce qu'il
s'étoit arrogé un pouvoir arbitraire, qu'il
faisoit les loix, et qu'il en régloit l'exécution au gré de son caprice ; et Tite-Live at-
tribue l'expulsion du dernier des Tarquins
à la manière odieuse dont ce prince, après
avoir rédigé et promulgué les loix, inter-
prétoit ces mêmes loix dans leur exécution
d'après les seules inspirations de sa volonté,
et *inconsulto senatú*, sans prendre l'avis
du sénat. Mais les sénateurs eux-mêmes,
étant devenus les chefs du peuple Romain,
depuis l'abolition de la royauté, et devenant de jour en jour plus audacieux et plus
absolus, parvinrent à réunir dans leurs mains
cette double puissance ; ce qui devint si
insupportable au peuple, qu'il se porta à
des excès de désespoir, et finit par enlever au sénat le pouvoir législatif, pour
le placer dans ses assemblées successives.

Quand

Quant au pouvoir exécutif, il le confia en partie à ses propres officiers, et en partie au sénat. Cette constitution dura plusieurs siècles pour le bonheur et la satisfaction de tous les ordres, jusqu'au moment où, par des subtilités et des détours, le sénat fut parvenu à reprendre les deux pouvoirs, ce qui causa la plus horrible confusion.

Dans les siècles postérieurs, les empereurs, malgré leurs usurpations, n'osèrent pas d'abord réunir dans leurs mains ces deux branches du gouvernement : ils crurent ne pouvoir parvenir à ce despotisme, qu'en accoutumant par dégrés leurs nouveaux sujets à devenir insensibles à la perte de leur liberté ; et ce fut alors qu'ils commencèrent à manifester hautement que leur intention étoit de réunir en leurs personnes le droit de créer et de faire exécuter les loix selon leur bon plaisir, sans reconnoître d'autorité supérieure à laquelle ils dussent rendre compte de leurs actions ; Rome, dès lors, perdit sa liberté pour jamais.

Mais en nous rapprochant davantage de notre tems, nous voyons que, parmi

Tome II.   K

les états d'Italie, Venise, en confiant exclusivement au sénat, composé de sa seule noblesse, le pouvoir législatif et le pouvoir exécutif réunis, n'est jamais parvenue à ce degré de liberté dont on a vu jouir Florence, Sienne, Milan et les autres états d'Italie, jusques au moment où ils en furent dépouillés par des citoyens qui, en s'emparant de deux pouvoirs si incompatibles avec la liberté, usurpèrent la souveraineté sous le titre de ducs.

De tous ces états, Gênes est le seul qui ait conservé sa liberté, en maintenant le pouvoir législatif dans les grandes assemblées, et en confiant seulement l'exécution des loix à un duc titulaire et au conseil : la séparation de ces deux pouvoirs, et le soin que l'on y prend de ne souffrir jamais qu'ils puissent être réunis dans les mêmes mains, est une des raisons principales pour laquelle cette république s'est conservée libre au milieu de l'Italie, malgré qu'elle soit avoisinée par des nations soumises au joug de la tyrannie, et qui n'ont ni le courage ni la vertu nécessaires pour s'en affranchir.

Comment le Grand-Seigneur est-il devenu

autrefois si puissant et si absolu, sinon par la réunion et la progression de ces deux pouvoirs entre ses mains ? Et n'a-ce pas été par le même moyen que les rois de France et d'Espagne ont acquis une autorité despotique ? Dans les tems anciens, il n'en étoit pas ainsi, et nous voyons dans les Chroniques d'*Ambroise Moralès*, qu'en Espagne le pouvoir législatif résidoit essentiellement dans les conseils tenus par les grandes assemblées du peuple ; que le roi étoit seulement un officier qu'ils avoient élu, et auquel on confioit le soin de faire exécuter les loix émanées de ces grandes assemblées : il étoit soumis à rendre compte de son administration, et s'il eût osé enfreindre les loix, il en auroit éprouvé toute la sévérité ; c'étoit une coutume universellement reconnue, et *Mariana* nous en a transmis les preuves dans son histoire de ce royaume. Il en étoit ainsi dans l'Aragon (*a*), jusqu'à ce que cette

---

(*a*) L'Aragon fut une des premières provinces qui s'affranchit de la domination des Maures : elle se choisit alors un chef, et les suffrages tombèrent sur Garcia Ximenès, gentilhomme de la province, qui prit le titre de comte ; mais on limita son pouvoir par des loix, dont il jura l'observation pour lui et ses

couronne eût été réunie à l'Espagne par le
mariage de Ferdinand et d'Isabelle, et de

successeurs, et déclara qu'en cas de contravention
les peuples seroient dispensés de lui obéir, et en
droit de se choisir un prince ou roi, même parmi les
païens et infidèles. On établit, pour veiller à la conservation des loix, un chef de justice, qui ne pouvoit être condamné, ni en sa personne ni en ses
biens, que par les états du royaume, composés du
comte d'Aragon et du peuple; et que si le comte
d'Aragon faisoit tort à un sujet, les nobles pren-
droient son fait et cause, et empêcheroient qu'on
ne payât aucun droit au comte, qu'auparavant il
n'eût dédommagé et satisfait celui qu'il auroit vexé.
Les rois qui succédèrent aux comtés se soumirent
à l'observation de ces loix et priviléges, et ils en faisoient serment, à genoux et tête nue, devant le
chef de justice, qui étoit assis et couvert. Celui-ci,
après le serment reçu, parloit au nom du peuple en
ces termes : *Nous, qui valons autant que vous, vous
faisons notre roi et seigneur, à condition que vous
garderez nos priviléges et franchises, et non autrement.* Cette manière de prêter foi et hommage fut
abolie dans une assemblée des états en présence du
roi Philippe IV, qui donna en échange quelques
autres priviléges aux Aragonois; et l'histoire de ce
prince nous apprend que lorsqu'on lui mit en main
le parchemin sur lequel cette loi étoit écrite, il tira
son poignard, avec lequel il lacéra cet acte, il se
blessa même à la main, et quelques gouttes de son

lors ces deux états perdirent leur liberté par les empiètemens et les ruses de Ferdinand et de ses successeurs, qui réunirent le pouvoir de faire les loix et celui de les faire exécuter, et qui anéantirent tous les avantages dont on avoit joui lorsqu'ils étoient séparés et distincts, en les confondant sous le nom de *la prérogative royale*. Aussi long-tems que le peuple de ces états sut conserver ces deux pouvoirs dans des canaux différens, ils connurent tous les avantages de la liberté : mais du moment que le roi d'Espagne fut parvenu à les réunir entre ses mains, on vit tarir à la fois toutes les sources de la prospérité et de la félicité publique.

Les Français ont peut-être été le peuple le plus libre qui ait jamais existé sur la terre, aussi long-tems qu'il a maintenu

---

sang étant tombées sur le parchemin, il dit que l'abolition d'une loi ne pouvoit se faire que par le sang d'un roi : de là vient que ce prince est surnommé par plusieurs historiens, Espagnola et Piermal ; d'autres le nomment le Nourment, le Cérémonieux. Le pouvoir du chef de justice sur les juges et sur toutes sortes d'officiers qui oppriment le peuple, fut conservé, et a toujours subsisté. MORÉRY.

K 3

la puissance législative dans l'union des trois ordres de l'état ; son monarque, quoique l'âme de toute administration, n'étoit en effet qu'un officier soumis aux loix, qu'il étoit chargé de faire exécuter. Louis XI fut le premier qui troubla cet ordre merveilleux, en réunissant à sa couronne la double puissance de faire les loix et d'en ordonner l'exécution ; et ses successeurs, en conservant cette prérogative, privèrent les Français de cette douce liberté, dont ils se ressaisiront sans doute, s'ils veulent user de leur courage, et s'ils se rappellent un jour des usages chéris par leurs ancêtres.

Charles I, sans se rappeler qu'un roi d'Angleterre n'est qu'un premier magistrat honoré de la confiance de ses sujets, voulant marcher sur les traces du destructeur de la liberté française, tenta d'usurper les deux puissances en abolissant les parlemens : mais au lieu de la tyrannie absolue à laquelle Louis parvint, Charles vit trancher ses jours avec ignominie.

Or il est évident que l'intérêt du peuple est de ne jamais souffrir la réunion de ces deux puissances, et nous voyons que, dans tous les âges et chez toutes les nations, cette réunion fatale a toujours fini par l'anéantissement de la liberté publique.

Une autre erreur, fort commune dans les anciens tems, fut cette facilité avec laquelle le peuple a soumis à la décision de quelques individus, ce qui regardoit ses affaires ou ses intérêts.

Voici les conséquences qui en sont résultées. Les questions n'étoient pas proposées avec candeur, ni débattues avec sincérité, on cherchoit seulement à se surprendre pour assurer un projet chéri; nulle liberté dans les suffrages, nulle nécessité d'avoir le consentement du peuple, nulles assemblées publiques; on faisoit peu d'attention aux intérêts de l'état, et l'on se conduisoit d'après les vues du parti que l'on avoit embrassé. Sans s'inquiéter de l'avantage du gros de la nation, on ne paroissoit plus occupé que de l'entretenir dans la plus méprisable ignorance, afin de la tenir dans un vil esclavage, sous le prétexte de l'assujettir aux loix et de maintenir le bon ordre. Enfin, de toutes ces conséquences, il n'en fut jamais de plus funeste que la rivalité, qui armoit ordinairement ces chefs les uns contre les autres, incapables de conserver leur autorité et de la rendre respectable. Il auroit peu importé à la nation que leur animosité décidât de leur ruine commune, si le peuple, toujours forcé de prendre part à ces divisions, suivant que le sang, l'amitié ou l'intérêt l'attachoit à l'un ou à l'autre des partis, n'avoit éprouvé toutes les horreurs inséparables des guerres civiles, qui finissent par dissoudre les états, et qui les livrent en proie à la tyrannie d'un seul.

Athènes éprouva ce sort fatal en se donnant trente chefs, que l'histoire désigne sous le nom odieux de tyrans. Ces trente monstres, dit Xénophon, maîtres de toute la puissance de l'état, discutoient et décidoient toutes les affaires entre eux, et s'ils affectoient quelquefois de consulter les assemblées du peuple, ce n'étoit jamais qu'après s'être assurés d'une multitude toujours contrainte de se conformer à leur volonté. Si par hazard il se trouvoit un citoyen assez vertueux pour censurer leurs actions, ou pour revendiquer les droits de la nation, il étoit condamné à mort, sous la vague accusation d'ennemi de la paix et de perturbateur du repos public. Ces tyrans

ne jouirent pas long-tems de cette autorité absolue, et qu'ils exerçoient en commun ; chacun d'eux désira d'en dépouiller
ses collègues ; et si les querelles que l'ambition suscitoit chaque jour entre eux,
n'eurent pas les suites funestes qu'on en
devoit naturellement redouter, c'est que le
peuple, incapable de supporter plus long-
tems leur joug, courut aux armes, les
attaqua de toutes parts, et les mit dans la
nécessité de se réunir, pour leur défense
mutuelle. Les dissentions nées entre ces
tyrans donnèrent lieu à une guerre civile,
qui finit avec leur bannissement. Mais,
hélas ! sans être instruits par ce qu'ils venoient d'éprouver, les Athéniens se donnèrent dix chefs, qui, animés du même
esprit que les TRENTE, engagèrent à changer de nouveau l'administration, qui parut
toujours incertaine, jusqu'à ce qu'un seul
tyran parvint à se faire conférer la disposition arbitraire de toute l'autorité.

Il ne fut jamais de nation, même sauvage,
qui, après avoir éprouvé les funestes conséquences qu'entraîne une lâche docilité à
se soumettre aveuglément aux projets que
l'orgueil suggère aux particuliers puissans,

n'ait paru combattre d'émulation avec les nations les plus civilisées, pour réparer cette erreur, en n'épargnant aucun moyen de se remettre en possession de son autorité primitive, et de faire revivre la majesté de son peuple, en rétablissant les assemblées suprêmes dans l'exercice de tous leurs droits.

Hérodote rapporte, liv II, que les Egyptiens ayant aboli la monarchie, après la mort du roi Sethol, par une déclaration qui rendoit la liberté au peuple, abandonnèrent l'administration des affaires à douze hommes, qui ne se furent pas plus tôt mis en état de ne rien redouter du peuple, qu'ils se divisèrent entre eux pour déterminer la part que chacun auroit dans le gouvernement. Cette discorde entre les chefs entraîna le peuple dans une guerre qui ne finit qu'en laissant toute l'autorité entre les mains de Stammeticus, vainqueur de tous ses collègues.

De tous les exemples que je pourrois citer, il n'en est point de plus frappant que celui des deux triumvirats de Rome. Le premier, composé de Pompée, César et Crassus, ôta d'abord à la république la

connoissance qu'elle avoit eue des affaires:
ces trois hommes s'habituèrent tellement à
décider de tout entre eux, qu'on ne les vit
jamais assembler le peuple pour requérir
son opinion, que lorsqu'ils vouloient donner une apparence de l'égalité à quelques
projets dangereux. Ils convinrent que rien
ne se feroit dans la république, qui ne
répondît à leurs vues particulières; ces
ambitieux ne purent voir la facilité avec
laquelle le peuple se sonmettoit, sans que
chacun d'eux n'éprouvât le désir ambitieux
de s'élever au dessus de ses collègues: à
l'instant l'univers est dévasté, de toutes
parts on prend les armes; et le sang ne
cessa de couler que lorsque Pompée eut
affermi, par sa mort, la tyrannie de César.

La mort tragique de ce dernier donna
lieu au second triumvirat, par lequel Octave, Lépide et Antoine s'emparèrent de
la puissance suprême, et partagèrent entre
eux l'empire de l'univers. Une pareille dis-
tribution devoit satisfaire l'orgueil de chacun; cependant Auguste, indigné de ne
pas jouir de toute l'autorité dont César
avoit été revêtu, se brouilla avec Lépide,
le poursuivit, et le retint dans une étroite

captivité. Enfin de ce premier succès,
il croit y voir une facilité à se défaire
d'Antoine : on reprend les armes, la guerre
civile recommence , Rome et l'univers
entier prennent part à la querelle ; enfin
une bataille décide du sort des compé-
titeurs ; Antoine vaincu se donne la mort,
Auguste marche à Rome victorieux, s'as-
seoit sur le trône impérial, l'objet de ses
désirs et de ses travaux.

L'histoire d'Angleterre nous fournit un
exemple qui mérite d'être rapporté. Sous le
règne d'Henri III, Il s'éleva une dispute entre les princes et les barons de son royaume,
concernant leurs droits respectifs et ceux
du peuple : le roi se vit dans la nécessité de
céder ; mais les seigneurs, au lieu d'affranchir la nation, s'emparèrent de toute l'autorité, en choisissant parmi eux vingt-quatre
tyrans, qui, sous le nom de conservateurs
du royaume, disposoient de tout à leur gré,
sans avoir égard aux résolutions des parlemens, dont ils cassoient même les décrets.
Incapables de conserver long-tems l'intérêt
qui les unissoit, ils se divisèrent , et vingt
furent obligés de céder à la puissance des
comtes de Leicester, des Gloucester, d'He-

reton et de Spencer ; ces trois derniers
plièrent sous l'ascendant de Simon de
Montfort, comte de Leicester, jusqu'à ce
que celui de Gloucester, jaloux de son autorité, le poursuivit, l'attaqua, et le fit
mourir les armes à la main, ce qui mit le
roi dans le cas de se ressaisir de la puissance
dont il avoit été dépouillé, et même d'augmenter les prérogatives de sa couronne. Le
peuple Anglois n'obtint, dans cette circonstance, par l'effusion de tant de sang, qu'un
changement d'esclavage, qui le fit passer
du joug d'un tyran sous celui de vingt-quatre,
qui, par leurs propres inimitiés, se réduisent à quatre, forcés de céder au despotisme
de Montfort, dont la mort ouvrit un nouveau champ à la tyrannie de Henri. Si ces
prétendus défenseurs de leur patrie avoient
été animés par des principes équitables,
loin d'envahir une autorité absolue, ils auroient rendu à la nation l'exercice de sa
liberté, en lui donnant une juste préémi-
nence sur la prérogative royale, par l'établissement de ses assemblées générales,
composées de membres choisis successivement et régulièrement par le peuple. Une
conduite si sage eût suffi pour immortali-

ser leur nom , et auroit prévenu tous les malheurs dont je viens d'esquisser l'affreux tableau ; la terre n'auroit point été rougie du sang de leurs concitoyens , leurs personnes auroient été à l'abri de tout danger , la monarchie eût été abolie , ou tout au moins resserrée dans de justes bornes , et le peuple , en possession de sa liberté , n'auroit pas été exposé à ces actes de despotisme qui l'ont fait gémir long-tems sous Henri et les princes de son sang , qui , en héritant de sa couronne , ont constamment suivi ses maximes corrompues.

Quoique l'univers n'ait cessé de produire des exemples de cette espèce , je crois devoir me borner à ceux que je viens de rapporter ; ils prouvent suffisamment qu'une des principales erreurs de la politique a été de laisser la disposition des affaires et des intérêts du peuple , au jugement versatile et arbitraire de quelques individus.

Un peuple libre qui se laisse conduire par un esprit de faction ou de parti , suit non seulement une politique erronée , mais encore il détruit , jusque dans ses fondemens , les bases de la félicité et de la prospérité publiques. Et si l'on veut connoître e que l'on doit entendre par le mot de faction, et quel parti mérite le nom de factieux dans un état divisé, il faut être d'abord parfaitement instruit des véritables intérêts du peuple ; si alors on découvre des desseins, des conseils, des actions qui combattent ses intérêts réels, et avoués par la constitution, on en peut infailliblement conclure qu'il y a une faction, et que les citoyens qui les donnent, ou qui les protègent, composent le parti des factieux, qui est toujours d'autant plus à craindre, que les dissentions intérieures, qui en sont la suite, en déchirant l'état, le livrent à la merci des ennemis domestiques ou étrangers, et exposent les biens, les jours et la liberté du peuple à toutes les horreurs du pillage et de la guerre civile.

L'histoire Romaine rapporte qu'il y avoit une faction réelle dans la conduite des décemvirs, qui, chargés de l'administration publique pour un tems limité, ne voulurent point remettre le dépôt qui leur avoit été confié. Loin de résigner leurs emplois, ils se liguèrent entre eux pour perpétuer leur autorité, sans aucun égard à la loi, qui déclaroit qu'il étoit de l'intérêt de la

république que les sujets élus pour r...
leurs places, n'y fussent jamais conser...
plus de douze mois. Le principal pro...
teur de cette entreprise téméraire des...
cemvirs, fut Apprius Claudius, qui c...
assurer ses succès en en imposant à l'...
semblée, par la promesse favorable à s...
ambition, que ses collègues et lui fero...
cause commune avec le sénat, et lui so...
mettroient le peuple et ses tribuns, en ab...
lissant l'usage de convoquer les assem...
blées suprêmes de la nation. Le sénat s...
laissa séduire par cet artifice ; mais le peu...
ple en évita les dangereuses conséquence...
en dépouillant de l'autorité qu'ils avoi...
usurpée, Appius et ses collègues.

Les maux de Carthage et sa destructio...
furent les suites des factions que formère...
dans son sein les intérêts contraires d'Ann...
bal et d'Hannon. Affoiblis intérieurem...
par ces brouilleries intestines, les Cartha...
nois n'eurent plus cette unanimité dans...
conseils, ni cette vigueur dans les comba...
qui leur étoient nécessaires pour se d...
fendre contre un peuple aussi sage...
aussi courageux que les Romains,...
profitèrent de ces divisions domestiqu...
po...

pour ensevelir sous les cendres de la capitale, la gloire qu'avoit acquise cette république.

Si Rome elle-même perdit ensuite sa liberté en recevant le joug que lui imposa César, on ne doit attribuer ce malheur qu'aux dissentions qui régnoient dans son sein. Qui ignore d'ailleurs, qu'à peine délivrée de ses rois, elle vit ses citoyens divisés, présenter eux-mêmes aux Tarquins bannis, des moyens de se rétablir sur le trône? Pisistrate, chassé d'Athènes, profita des sentimens qui divisoient ses concitoyens, pour se rétablir dans l'autorité souveraine.

Philippe de Commines avoue que les Turcs se frayèrent le chemin de la Hongrie par une faction, et que ce fut par ce moyen qu'ils se rendirent les maîtres de Constantinople: cet esprit de faction introduisit les Goths et les Vandales en Espagne et dans l'Italie; ce fut par ses fureurs que Jérusalem devint la proie des Romains, d'abord sous Pompée, et ensuite sous Vespasien et Titus.

Ne fut-ce pas par une suite de dissentions que la république de Gênes fut sou-

mise à reconnoître la puissance des ducs
de Milan, et que les Espagnols se sont
introduits dans Naples et en Sicile? Ce fut
encore par une faction que Milan a été
livré aux François, qui en chassèrent les
Sforces.

Ainsi on peut naturellement conclure
qu'il n'est point d'erreur plus dangereuse,
ni de trahison plus funeste pour le salut
d'une république, que d'y enfanter ou d'y
soutenir un esprit de faction.

La dernière erreur que j'entreprendrai
de combattre, est ce penchant que les nations ont montré dans tous les siècles, à
s'affranchir de leurs engagemens et de leurs
promesses, encore qu'elles aient été faites
sous la foi du serment, selon que les tems
ou les circonstances leur faisoient appercevoir un avantage à les enfreindre.

Cette impiété, qui paroît en contradiction manifeste avec le nom de chrétien,
n'en a pas moins passé, sous le règne du
Christ, parmi les plus éclairés, pour une
réforme admirable ; et l'on a mis au rang
des hommes les plus habiles, ceux qui
ont le mieux su mettre en usage cette
mauvaise foi, condamnable à si juste titre

Mais, dans la crainte que ceux qui se sont
fait une monstrueuse habitude de cette
pratique, ne pensent que ce soit sans raison
que je m'élève contre elle, qu'ils jettent les
yeux sur le portrait qu'en a tracé Machiavel! Or, comme la plus grande partie des
hommes sont méchans, injustes, trom-
peurs, portés à trahir et à surprendre, il
est nécessaire que les citoyens qui s'as-
treignent aux règles exactes de la probité,
n'épargnent rien pour se soustraire à la
perfidie qui les assiège sans cesse ; certains,
comme ils le doivent être, que l'homme
qui voudra n'agir que conformément aux
loix de la plus sévère équité, sera à la fin
la victime du grand nombre. N'est-ce pas
imposer aux hommes la nécessité d'être
perfides et scélérats, parce qu'il y a sur la
terre de la perfidie et de la scélératesse ?
Peut-on tirer une conclusion plus absurde,
digne seulement de l'Italie, au sein de laquelle l'auteur écrivoit ?

Les Païens l'avoient en horreur, ainsi
que le prouve la conduite des Romains,
qui regardèrent toujours une probité sincère comme la règle de leur politique et
le fondement de leur grandeur. Rome ne

dut toute sa prospérité et tous ses succès
qu'à sa fidélité dans ses engagemens, et à
sa piété envers les dieux. Le lecteur en
pourra juger d'après les exemples suivans.

Porsenna, roi des Toscans, réduit la
ville de Rome aux dernières extrémités,
et ne consent à la paix, que sous la condition de lui livrer un nombre de vierges,
nées d'un sang noble, pour otages de l'ac-
complissement des conditions du traité.
Ces vierges sont remises aux Toscans; mais
bientôt après, elles s'échappent, et revien-
nent. Porsenna les redemande. Que fera
le sénat? Il est en état de braver la vengeance du monarque, et de se soustraire
à une condition si odieuse. Mais, sans
prendre avantage de sa situation, fidèle
à l'engagement qu'il a pris, il oblige ces
vierges à retourner en Etrurie.

Qui peut se rappeler sans admiration,
la conduite d'Attilius Regulus! Ce grand
homme, prisonnier à Carthage, obtient la
permission de retourner à Rome, sur sa
parole, pour faire valoir, par sa présence,
les propositions de paix que les ambassadeurs Carthaginois devoient y faire. Il savoit que si elles étoient acceptées, sa liberté

étoit le prix du succès de cette ambassade, tandis qu'au contraire une mort cruelle l'attendoit dans cette ville ennemie. Mais rien ne l'arrête; il fortifie lui-même le sénat dans ses sentimens de refus, et, fidèle à sa parole, il retourne à Carthage et se livre lui-même au supplice. Qu'on ne croie pas que cette fermeté des Romains se borne à ces deux exemples; l'histoire Romaine fournit mille modèles de la fidélité si commune de ce peuple, particulièrement dans les traités ou les ligues qu'il faisoit avec les nations étrangères.

On ne peut mieux faire connoître toute l'horreur que mérite la doctrine de ces hommes pervers, qui prétendent que les États ne sont point tenus d'être fidèles à leurs engagemens, qu'en citant les propres paroles de Machiavel; et comme plusieurs souverains ont cru devoir se conformer aux leçons pernicieuses qu'il en donne, j'y opposerai deux ou trois réflexions, pour mettre le peuple en garde contre les funestes conséquences qui doivent résulter de ces maximes impies. Voyez comme s'exprime cet auteur dans son livre infame, intitulé *Le Prince*, chap. 18.

CHAPITRE XVIII
DU LIVRE INTITULÉ LE PRINCE

Si les Princes doivent tenir leur parole.

UN chacun sait combien il est louable dans un prince, de garder la foi et de procéder rondement et sans finesse. Mais l'expérience de ces tems-ci montre qu'il n'est arrivé de faire de grandes choses qu'aux princes qui ont fait peu de cas de leur parole, et qui ont su tromper les autres ; au lieu que ceux qui ont procédé loyalement, s'en sont toujours mal trouvés à la fin. Il est donc à savoir qu'il y a deux manières de combattre ; l'une avec les loix, l'autre avec la force. La première est celle des hommes, et la seconde celle des bêtes. Mais comme très-souvent la première ne suffit pas, il est besoin de recourir à la seconde. Il est donc nécessaire aux princes de savoir bien faire l'homme et la bête ; et c'est ce que les anciens leur enseignent figurément, quand ils racontent qu'Achilles, et divers autres princes, furent donnés à élever au centaure Chiron, pour signifier que, comme

le précepteur étoit demi-homme et demi-
bête, ses disciples devoient tenir des deux
natures, l'une ne pouvant pas durer long-
tems sans l'autre. Or le prince ayant besoin
de savoir bien contrefaire la bête, il doit
revêtir le renard et le lion, parce que le
lion ne se défend point des filets, ni le
renard des loups. Il faut donc être renard
pour connoître les filets, et lion pour faire
peur aux loups. Ceux-là ne l'entendent
pas, qui ne contrefont que le lion ; et par
conséquent un prince prudent ne doit point
tenir sa parole (a), quand cela lui tourne à

(a) Je ne puis insérer ce chapitre, que Needham
rapporte tout au long dans son ouvrage, sans observer combien les peuples ont souvent éprouvé les
effets de chacune des maximes du Florentin. Le seul
roi Jean s'éleva au dessus de tous les rois, par sa fidélité à remplir ses promesses. Ce prince avoit coutume de dire que, « quand la vérité seroit bannie
» de dessus la terre, elle devroit se trouver dans
» la bouche des rois ». Je suis trop jeune pour
avoir déjà étudié tous les détours et toutes les ruses
qui ont été mis en usage par les rois, leurs ministres
et leurs coassociés ; mais s'il se tenoit jamais une
diète toute composée de rois, je n'hésite pas à croire
que cette diète seroit, sans contredit, le repaire le
plus infect ; que tous les vices, tous les crimes,
toutes les sortes de bassesses et de scélératesses s'y

dommage, et que les occasions qui la lui
ont fait engager ne sont plus. Cette maxime

trouveroient tellement rassemblés, qu'un prince qui
n'auroit que la probité du roi Jean, y seroit
absolument seul. Si nous pratiquons un de ces rois
en particulier, nous n'y verrons que franchise, que
loyauté, que grandeur d'ame!..... Opposez-le à un
autre roi, toute cette franchise ne sera plus que
comme un bouclier dont il ne se sert qu'en de certaines occasions : si vous l'opposez à deux rois à la
fois, sa politique le fera se replier adroitement; il
dissimule, il écoute; il ne veut parler que le second
ou que le dernier, selon que les regards et les gestes
de celui qui n'a pas encore proposé son avis, l'y invitent, et chacun de ces rois s'avancera, parlera,
gardera le silence ou le rompra, pour que celui-ci
prenne la parole avant ou après cet autre. La scélératesse, la haute scélératesse se montrera dans les
discours de ces rois, tantôt avec cette gravité que le
vulgaire a nommée audace et impudeur, tantôt sous
un voile épais. Et, dit J. J. Rousseau, « l'homme est
» bon, mais les hommes sont méchans » (Ce fut en
faisant l'application de cette maxime, que, le 14 Juillet 1789, je ne voulus parler au général du camp du
champ de Mars qu'en particulier, et non devant le
nombreux conseil d'officiers généraux qui l'environ-
noient.). La raison de cette profonde et insigne scélératesse des rois n'est pas fort difficile à approfon-
dir : les rois se sont assis au dessus des loix ; ils se
sont assurés de l'impunité. Ajoutez à ceci la perma-

ne vaudroit rien, si tous les hommes étoient
bons ; mais comme ils sont tous méchans ,

---

nence et l'hérédité du pouvoir ; considérez encore
qu'aucun tribunal ne les condamne, ne les accuse et
ne les blâme. Et si vous observez enfin, qu'au lieu
qu'il se trouve à la cour des rois, des juges pour
condamner, et des correcteurs pour châtier rude-
ment les flatteurs qui s'empressent sur les pas du monarque, les flatteurs y trouvent, au contraire, des
récompenses, des dignités, et, ce qui vaut beaucoup davantage, les plus belles espérances d'a-
vancement pour eux, pour leurs enfans, leurs valets,
leurs favorites, etc. etc. Devra-t-on être surpris que
les princes en vieillissant, fassent paroître des qualités si dissemblables, et que le même roi, pendant
le cours d'un long règne, offre si souvent, dans son
caractère, tous les traits de la vertu, mais de la vertu
sublime, de cette sagesse qui fait les grands rois, et
que tout-à-coup il s'oublie, il conçoive, il enfante
le crime ? Le crime des rois s'élance du haut du trône ;
semblable à un orage, les maux qu'il a causés sont
si grands !... Le sénat Romain s'abaissa-t-il jamais
jusqu'à manquer de parole à ses alliés ?... Dans quelle
ville de la Grèce auroit-on professé le machiavélisme ?
Non, cette politique ne peut plus désormais être
invoquée ni suivie : LE FRANÇAIS LIBRE est devenu
trop puissant ; il est trop généreux, trop brave ;
son caractère est trop magnanime, pour que celui
des ministres du roi, qui auroit suivi une politique
aussi odieuse, puisse se promettre d'en être avoué.

et qu'ils ne te tiendroient pas leur parole,
tu ne dois pas non plus la leur tenir, et tu
ne manqueras jamais de prétextes pour en
colorer l'inobservation. J'en pourrois donner mille exemples modernes, et montrer
combien de promesses, combien de traités
ont échoué par l'infidélité des princes,
entre qui, celui qui a le mieux su faire le
renard, a le mieux réussi dans ses affaires.
Mais il faut savoir bien déguiser cet esprit
de renard; il faut être propre à feindre et à
dissimuler; car les hommes sont si simples
et si accoutumés à céder au tems, que
celui qui trompe en trouvera toujours qui
se laisseront tromper. De tous les exemples
récens, je n'en sçaurois oublier un. Le
pape Alexandre VI ne fit jamais autre chose
que tromper: jamais homme ne fut plus
persuasif; jamais homme ne promit rien
avec de plus grands sermens, ni ne tint
moins sa parole, et néanmoins ses trompe-
ries lui réussirent toujours; tant il savoit

Louis XVI, roi d'un peuple libre, tu lui défendrois
ta cour : non, la politique d'un peuple libre, j'aime
à le répéter, est toute fondée sur la franchise, sur
l'honneur, sur la vérité, et sur la loyauté. *Note du
Traducteur.*

bien ce métier, et par où il falloit prendre
les hommes ! Il n'est donc pas nécessaire
qu'un prince ait toutes les qualités que j'ai
marquées , mais seulement qu'il paroisse
les avoir. J'ose même avancer qu'il lui
seroit dangereux de les avoir et de les mettre
en pratique , au lieu qu'il lui est utile de
paroître les avoir. Tu dois paroître clé-
ment , fidèle, courtois, intègre et religieux ;
mais avec cela tu dois être si bien ton
maître , qu'au besoin tu saches et tu puisses
faire tout le contraire ; et je pose en fait
qu'un prince, et particulièrement un prince
nouveau, ne peut pas observer toutes les
choses qui font passer les hommes pour
bons, parce que les besoins de son état
l'obligent souvent de violer la foi et d'agir
contre la charité, l'humanité et la religion ;
de sorte qu'il faut qu'il tourne et manie son
esprit selon les vents de la fortune, sans
s'écarter du bien, tant qu'il le peut, mais
aussi sans faire scrupule d'entrer dans le
mal, quand il le faut. Au reste, le prince
doit s'étudier à ne dire jamais rien qui ne
sente les cinq qualités que j'ai marquées ;
en sorte qu'à le voir et à l'entendre, l'on
croie que c'est la bonté même, la fidélité ,

l'intégrité, la civilité, et la religion. Mais
cette dernière qualité est celle qu'il lui
importe davantage d'avoir extérieurement,
d'autant que les hommes, en général,
jugent plus par les yeux que par les mains,
un chacun ayant la liberté de voir, mais
très-peu ayant celle de toucher. Un chacun
voit ce que tu parois être; mais presque
personne ne connoît ce que tu es, et le
petit nombre n'ose pas contredire la multitude, qui a la majesté de l'état pour bouclier. Or, dans les actions de tous les hommes, et sur-tout de tous les princes contre
qui il n'y a point de juges à réclamer, on
ne regarde qu'à l'issue qu'elles ont. Un
prince n'a donc qu'à maintenir son état;
tous les moyens dont il se sera servi seront
toujours trouvés honnêtes, et chacun l'en
louera; car le vulgaire ne se prend qu'aux
apparences et ne juge que par les évènemens et il n'y a presque dans le monde
que le vulgaire, et le petit nombre n'a lieu
que lorsque la multitude ne sait à quoi se
déterminer.

Un prince de ce tems-ci, qu'il n'est pas
à propos de nommer, ne nous prêche rien
que la paix et la bonne foi; mais s'il eût

gardé lui-même l'une et l'autre ; il eût perdu bien des fois sa réputation et ses états (a).

Telle est cette politique et cette doctrine abominable, si souvent prêchée dans les cours, qu'elle y a fait une quantité innombrable de prosélytes; mais qu'il me soit permis d'en développer toutes les conséquences qu'on en a tirées.

S'il y a dans le monde si peu de potentats qui aient la vertu de se prémunir contre des maximes aussi dangereuses, le peuple n'en est que plus obligé d'être circonspect et modéré dans le pouvoir qu'il confie à ceux qui sont chargés de l'administration, et il doit avoir en tout tems les yeux ouverts sur leurs actions, et la main prête à réprimer leurs écarts.

Si en effet on instruit un monarque, ou que son penchant naturel le porte à se servir, suivant ses dispositions, ou des loix, comme homme, ou de la violence, selon

______

(a) Il veut parler de Ferdinand, roi de Castille et d'Aragon, qui ne devpit la conquête des royaumes de Naples qu'à sa mauvaise foi et à sa perfidie.

l'instinct des bêtes, son peuple doit empêcher qu'il ne s'abbaisse à la vile condition des brutes; et il y parviendra, s'il sait
maintenir inviolablement sa liberté, ses privilèges, les droits qu'il tient de la nature,
la puissance de choisir des chefs, et l'inviolable exécution des loix.

Si un prince doit prendre alternativement la ressemblance du lion et du renard, ses sujets doivent attentivement l'é-
pier sous ces deux formes, jusqu'à ce
qu'ils soient certains d'avoir mis le lion en
esclavage, et d'avoir déterré le renard, afin
de pouvoir sans difficulté dépouiller l'un,
et empêcher l'autre de sortir de son trou.

Si un prince n'est ni dans la possibilité
ni dans l'obligation de garder la foi qu'il
a jurée, ou de tenir les promesses qu'il a
faites, dès que les suites de sa fidélité en-
traînent quelques désavantages, ou que les
circonstances sont passées, il est certai-
nement de l'intérêt du peuple de ne se
fier à aucun prince, et de ne jamais se
reposer tranquillement sur les promesses
qu'il peut recevoir de ses monarques, mais
de conserver entre ses propres mains une
portion d'autorité qui le mette toujours en

état de forcer ses chefs à accomplir leurs engagemens, ou qui lui permette de dépouiller de leurs dignités ceux qui persistent opiniâtrement à le rendre victime de leur infidélité.

Si donc les princes ne manquent jamais de prétextes spécieux pour motiver leur manque de bonne foi, il est de l'intérêt d'un peuple qui a fait la conquête de sa liberté, d'étudier chaque circonstance de leur vie, pour ne pas se laisser surprendre, duper ou tromper par de simples apparences.

Enfin, si, comme l'assure Machiavel, l'on ne peut exercer les grands postes d'un état, sans être parfaitement instruit dans l'art de feindre et de dissimuler, parce que celui qui a dessein de tromper, en trouve toujours un autre prêt à se laisser trahir, il résulte nécessairement que le peuple ne sçauroit être trop attentif à sonder le caractère de ses chefs, à examiner si les motifs qu'ils donnent à leurs actions sont fondés sur une nécessité réelle, ou seulement apparente ; et lorsque le peuple découvre que l'on veut surprendre sa droiture, il mérite d'être réduit en esclavage, s'il a la patience de s'exposer de nouveau à être trompé.

J'achèverai, par ces mots, de combattre les erreurs trop ordinaires à la politique ; et après en avoir donné les véritables règles, je conclurai par un conseil sur la manière dont on doit choisir les sujets destinés à composer les assemblées suprêmes d'une nation.

On a dû voir que les droits, la liberté et la sûreté du peuple, dépendent de la conservation d'un ordre régulièrement successif dans des assemblées générales ; et l'on en a conclu, sans doute, qu'il est de la plus grande conséquence pour un PEUPLE LIBRE, d'établir la manière de régler cette succession avec autant de sagesse que de prudence : semblable en cela à un pilote, qui n'épargne ni soins, ni veilles, ni peines, pour bien diriger la manœuvre de son vaisseau, parce qu'il sait que la moindre erreur peut en causer la perte infaillible, si un secours imprévu ne vient l'aider à surmonter la fureur des flots. Il faut donc ne jamais perdre de vue, et spécialement dans une république régénérée sur les débris sanglans d'une guerre civile, qu'il est raisonnable de supposer qu'il est des esprits mécontens et actifs, qui, voyant le peuple

prêt

prêt à s'assembler pour choisir ses représentans, se donneront tous les mouvemens
imaginables pour s'insinuer dans ses bonnes
graces et gagner sa confiance, dans la vue
perfide de partager l'administration actuelle,
pour gagner ensuite l'esprit de leurs collègues, et donner une nouvelle vie à l'ancien gouvernement par la destruction de
l'administration populaire.

On ne peut douter que, dans ce cas,
le choix des hommes à nommer n'exige de
grandes précautions de la part des électeurs,
qui doivent également se défendre des ennemis anciens et nouveaux de la constitution, et qui, selon mon avis, doivent
encore, avec plus de soin, éloigner de leurs
assemblées suprêmes ces gens indifférens,
qui ne sont d'aucun parti, parce que, semblables à l'animal amphibie de Laodicée,
qui vivoit également dans les deux élé-
mens, ces gens n'ont jamais d'opinions
qui leur soient propres, et qu'ils suivent en
toutes circonstances le parti qui flatte leur
malignité naturelle : remettre l'autorité à
la discrétion de pareils sujets, c'est exposer
la constitution la plus sage à être totale-
ment renversée. On ne peut donc être

Tome II.   M

trop exact, dans tous les tems (mais sur-tout
à la fin d'une guerre civile , qui a rendu
au peuple sa liberté) , à fermer l'entrée des
assemblées suprêmes de la nation , à ces
hommes ouvertement ou secrètement dé-
clarés contre la forme de son administration , ainsi qu'à ceux qui n'épousent que
foiblement les intérêts du peuple ; le reste
a un droit incontestable à partager le pouvoir suprême, et à jouir de tous les droits
qui y sont attachés.

On doit être bien persuadé que le peuple
ne se conserve jamais une liberté acquise
par l'effusion du sang , si son essence n'est
pas entre les mains de ce peuple , c'est-à-
dire, de ceux des citoyens qui ont constamment travaillé à l'affermir, sans épargner
leurs conseils , leurs richesses et leur
sang. Ceux-là seuls , n'ayant jamais offert
le moindre prétexte de soupçonner leur
attachement , méritent le nom glorieux
de citoyens , lorsque ceux qui , en se
prêtant aux projets des traîtres par principes , par indifférence , ou par complaisance, ayant directement ou indirectement
concouru à l'anéantissement de la cause du
peuple , se sont rendus indignes de jamais

partager les droits et les privilèges qui leur appartenoient naturellement comme faisant partie du peuple.

Dans ce cas, la nation doit s'armer de sagesse et de courage pour faire un choix légitime, et se reposer sur la Providence, du soin de protéger ses vues équitables ; car rien n'est plus conforme à la justice, que de mettre le peuple en possession de la liberté et des droits qu'il tient de la nature. Quelque abus qu'il en puisse faire, il est de la justice qu'il en jouisse ; et les inconvéniens qui en peuvent résulter ne seront jamais comparables à ceux qui suivroient la témérité de l'en dépouiller ou de les lui refuser.

Toutes les nations, tous les siècles ont donc toujours regardé comme une vérité incontestable, et c'est aussi l'opinion de nos jours, qu'un état qui a nouvellement acquis la liberté, ou celui dans lequel les tems l'ont affermie, doit maintenir un cours successif et régulier d'assemblées générales, dépositaires de ses plus chers intérêts ; car on ne sçauroit priver le peuple de ce droit légitime, sans introduire dans le gouvernement la dissention et la discorde.

M 2

C'est aussi dans cette persuasion que l'Orateur Romain définit la faction, toute conduite qui a quelque opposition à l'intérêt connu du peuple. S'il arrive donc à un citoyen d'abandonner l'intérêt public de sa nation, il perd à l'instant le nom de patriote, ne peut prétendre aux honneurs qui y sont attachés, et il n'est qu'un factieux dont tous les siècles ne rappelleront le nom qu'avec horreur.

Fin de la quatrième et dernière partie.

APPENDICE
DU TOME SECOND.

Quelques lecteurs, peut-être, jugeront que l'addition du chapitre I du livre III du Contrat social est absolument inutile à la suite de la traduction d'un livre publié sous Cromwell. Mais j'observerai que c'est la même raison qui ma déterminé à insérer les chapitres VII et VIII du *Prince* de Nicolas Machiavel, à la fin du premier volume de cet ouvrage, en considérant que les maximes de ce chef de la politique des cours ont été souvent adoptées par les rois et par leurs mandataires, qu'il étoit important de mettre en opposition les profondeurs de la morale et de la doctrine des despotes en politique, avec celle suivie par les états libres. Je l'ai donc inséré, afin que nos citoyens, après avoir, sur les ruines d'un gouvernement corrompu, et dont tous les ressorts étoient cariés, s'il m'est permis de me servir de cette expression, après avoir, dis-je, régé-

M 3

néré toutes les branches de l'administration, (en ne les confiant qu'à ceux des citoyens qui, par une élection libre, ont été portés au timon des affaires ; en ne permettant plus cette permanence SI DANGEREUSE de l'autorité dans les mains de ceux à qui elle sera confiée désormais ; en obligeant les administrateurs à rendre compte de leur conduite, et en se soumettant enfin à tous les articles d'une constitution, dont la profonde sagesse se perpétuera d'âge en âge, et sera pour nos neveux une cause féconde de bonheur, de puissance et de prospérité), voient dans leur naissance les premiers principes de la liberté.

Et comme la liberté et l'indépendance de l'homme sont fondées sur une infinité de preuves différentes, qui tendent toutes au même but, et qui subsistent depuis la création du monde, il ne se peut que ce ne soit un enchaînement de vérités infini, que chaque siècle n'y ait ajouté une nouvelle accumulation de preuves, et que quelque part que l'on commence, à quelque point que l'on s'applique, on arrive toujours à une telle série de principes et une telle abondance de lumière, qu'il est impossible d'y résister.

« Par quels progrès continuels, rapides et
infinis, les rois étoient-ils enfin parvenus
à courber l'homme vers la terre, et à le
détourner de tout ce qui pouvoit lui rappeler sa dignité, ses droits, sa puissance?
Il a donc été nécessaire que ces hommes
qui, par leur génie, sont autant au dessus
des autres hommes, que les cèdres du
Liban le sont eux-mêmes, comparés aux
forêts, que ces hommes aimassent leurs
semblables, de cet amour immense qui
peut seul nous faire mépriser tous les dangers, l'exil, l'emprisonnement et la mort.
Un homme habile pourroit nous faire le
tableau des premiers progrès du despotisme, et certes ce tableau ne seroit
pas indifférent pour un peuple qui en a
détourné le cours, et qui a la volonté de
s'opposer à sa renaissance.

« C'est à la philosophie que nous devons
ce concours de l'opinion, qui a donné à
tous les esprits le mot de l'ordre, qui les
a fait agir d'accord et à la fois; c'est à ce
changement survenu tout-à-coup dans les
opinions, que l'on doit attribuer l'effort
qui a été par-tout le même, et qui a fait
que la résistance a été par-tout si foible,

M 4

en raison de la commotion qui s'est com-
muniquée de la capitale dans les provinces.

J'ai inséré le chapitre suivant, extrait du
Contrat social, afin que le lecteur puisse
faire d'abord la comparaison de cette division du gouvernement d'un état, en
pouvoir législatif et en *pouvoir exécutif*,
que Needham a, dans le siècle dernier,
proposé aux législateurs et à ceux qui se
livrent à une étude profonde, sur-tout
ce qui a quelque rapport aux droits primitifs de l'homme (avant qu'il vécût en
société, du moment qu'il a formé avec
ses égaux une convention tacite, et que
cette première convention, après avoir
acquis un certain degré de puissance,
bientôt changée en souveraineté, prit
enfin le nom de société civile) ; afin,
dis-je, que le lecteur, en rendant hommage au citoyen de Genève, pour la
profondeur et la majesté avec lesquelles
il a établi et prouvé la nécessité de cette
division, puisse en même tems rendre à
Needham ce tribut d'admiration que les
Anglois s'honorent de lui accorder. J'ai,
par cette raison, jugé à propos de l'insérer
en entier, et par appendice, à cette quatrième partie.

Sans doute les raisonnemens du philosophe de Genève réunissent à une concision admirable des principes si lumineux et si sublimes, que nous ne sçaurions rendre à sa mémoire un tribut d'éloges égal à sa gloire ; mais si telle est notre admiration pour J. J. Rousseau, que nous ne le comparions qu'à lui-même, cependant, par cette seule raison que peut-être Newton doit une partie des découvertes qu'il a faites, et toute sa gloire, au succès avec lequel il a médité ces principes par lesquels Descartes à éclairé toutes les branches de la philosophie ; et si ce grand homme a été le précurseur de Newton dans une carrière où Newton et Leibnitz ont laissé bien loin derrière eux tous ceux qui ont été tentés de la parcourir ; si Leibnitz et Newton se sont acquis une gloire égale dans l'invention du calcul différentiel ; si celui qui, dans un prisme savant, décomposa la lumière, et renversa les bornes de l'esprit humain, ne peut diminuer la gloire de Descartes dont il a soumis les idées les plus abstraites à un examen rigoureux, qui réduit son systéme des tourbillons à des principes purement hypothétiques : il résulte naturellement que NEEDAM sera, avec bien plus de raison, comparé au citoyen de Genève, ce que le philosophe *des mondes* est lui même comparé au chevalier Newton.

On m'observera peut-être que cette division du pouvoir se trouve dans les ouvrages d'Aristote et dans quelques anciens auteurs ; mais quoique ce philosophe, et, plusieurs siècles après lui, Machiavel, dans ses œuvres sur la Politique, aient enseigné que de cette division du pouvoir, dépendoient essentiellement la liberté et la félicité du peuple, néanmoins, soit que les principes d'Aristote aient été regardés comme un essor de ce grand homme vers le mieux, et que l'on en ait fait l'application seulement à des républiques ; soit enfin que Machiavel, par les principes odieux qu'il a professés, n'ait semblé offrir au public que les principes d'Aristote à cet égard ; en un mot, les ouvrages de ce dernier n'ont inspiré l'amour de la liberté que par l'horreur de ses maximes, si favorables à la tyrannie.

Ainsi, quels qu'aient été pour les mo-

dernes les heureux effets que l'on devoit se
promettre de cette sage division de la puissance législative et de la puissance exécutive, nous voyons que NEEDHAM, qui,
dans le siècle dernier, a redoublé d'efforts
pour établir la liberté sur les bases de l'égalité et de l'indépendance de l'homme, et
qui a considéré L'HOMME jouissant de la
plénitude de ses droits, et revêtu de toute
sa majesté primitive; nous voyons, dis-je,
que tout ce que l'ouvrage de cet auteur
contenoit de sage et de raisonnable auroit
été éludé (de siècle en siècle) par les rois
et par leurs favoris, si le philosophe de
Genève n'avoit lui-même invité les nations
à se ressaisir de leurs droits à l'exercice de
leur liberté ; de ces droits qu'il leur a révé-
lés avec une abondance et une profondeur de principes si admirables !... C'est
donc particulièrement à ces deux grands
hommes que nous sommes redevables de
ces lumières, à l'aide desquelles les amis
de la liberté parviendront toujours à s'opposer à toutes les ruses, et à déjouer toutes
les entreprises des agens de la tyrannie.

Et s'il se trouvoit parmi les partisans de
la monarchie absolue, de ce mode de gou-

vernement qui comprend en soi tous les
principes du despotisme, par le moyen
desquels le genre humain, par-tout dé-
gradé, par-tout avili, méprisé, profondément corrompu, sembloit, au milieu des
merveilles de l'univers, une contradiction
à la sagesse et à la liberté d'un Dieu créateur ; s'il se trouvoit, dis-je, des hommes
assez enorgueillis des prérogatives dont ils
jouissoient sous ce mode de gouvernement
odieux, et assez audacieux pour s'élever
contre les principes de NEEDHAM et de
J. J. ROUSSEAU, que la pitié, que la com-
misération soient le seul sentiment qu'ils
exciteront !

DU CONTRAT SOCIAL,

OU

PRINCIPES DU DROIT POLITIQUE.

LIVRE III.

AVANT de parler des diverses formes de gouvernement, tâchons de fixer le sens précis de ce mot, qui n'a pas encore été fort bien expliqué.

CHAPITRE PREMIER.

Du Gouvernement en général.

J'AVERTIS le lecteur que ce chapitre doit être lu posément, et que je ne sais pas l'art d'être clair pour qui ne veut pas être attentif.

Toute action libre a deux causes qui concourent à la produire : l'une morale, savoir, la volonté qui détermine l'acte; l'autre physique, savoir, la puissance qui l'exécute. Quand je marche vers un objet, il faut premièrement que j'y veuille aller ; en second lieu, que mes pieds m'y portent. Qu'un paralytique veuille courir, qu'un homme agile ne le veuille pas, tous deux resteront en place. Le corps politique a les mêmes mobiles : on y distingue de même la force et la volonté ; celles-ci sous le nom de *puissance législative*, l'autre sous le nom de *puissance exécutive*. Rien ne s'y fait ou ne s'y doit faire sans leur concours.

Nous avons vu que la puissance législative appartient au peuple, et ne peut appartenir qu'à lui. Il est aisé de voir, au contraire, par les principes ci-devant établis, que la puissance exécutive ne peut appartenir à la généralité comme législatrice ou souveraine, parce que cette puissance ne consiste qu'en des actes particuliers qui ne sont point du ressort de la loi, ni par conséquent de celui du souverain, dont tous les actes ne peuvent être que des loix.

Il faut donc à la force publique un agent propre qui la réunisse et la mette en œuvre, selon les directions de la volonté générale, qui serve à la communication de l'état et du souverain, qui fasse en quelque façon dans la personne publique ce que fait dans l'homme l'union de l'ame et du corps. Voilà quelle est dans l'état la raison du gouvernement, confondu mal-à-propos avec le souverain , dont il n'est que le ministre.

Qu'est-ce donc que le gouvernement ? Un corps intermédiaire établi entre les sujets et le souverain, pour leur mutuelle correspondance, chargé de l'exécution des loix, et du maintien de la liberté , tant civile que politique.

Les membres de ce corps s'appellent magistrats ou *rois* , c'est-à-dire, *gouverneurs* , et le corps entier porte le nom de *prince* (a). Ainsi ceux qui prétendent que l'acte par lequel un peuple se soumet à des chefs, n'est point un contrat, ont grande raison. Ce n'est absolument qu'une commission , un emploi dans lequel, simples officiers du souverain , ils exercent en son nom le pouvoir dont il les a fait dépositaires, et qu'il peut limiter , modifier et reprendre

____

(a) C'est ainsi qu'à Venise on donne au collège le nom de *sérénissime prince* , même quand le doge n'y assiste pas.

quand il lui plaît, l'aliénation d'un tel droit étant incompatible avec la nature du corps social, et contraire au but de l'association.

J'appelle donc *gouvernement* ou suprême administration, l'exercice légitime de la puissance exécutive; et prince ou magistrat, l'homme ou le corps chargé de cette administration.

C'est dans le gouvernement que se trouvent les forces intermédiaires dont les rapports composent celui du tout au tout, ou du souverain à l'état. On peut représenter ce dernier rapport par celui des extrêmes, d'une proportion continue, dont la moyenne proportionnelle est le gouvernement. Le gouvernement reçoit du souverain les ordres qu'il donne au peuple; et pour que l'état soit dans un bon équilibre, il faut, tout compensé, qu'il y ait égalité entre le produit ou la puissance du gouvernement pris en lui-même, et le produit ou la puissance des citoyens, qui sont souverains d'un côté et sujets de l'autre.

De plus, on ne sçauroit altérer aucun des trois termes, sans rompre à l'instant la proportion. Si le souverain veut gouverner, ou si le magistrat veut donner des loix, ou

Les sujets refusent d'obéir, le désordre succède à la règle, la force et la volonté n'agissent plus de concert, et l'état dissous tombe ainsi dans le despotisme ou dans l'anarchie. Enfin, comme il n'y a qu'une moyenne proportionnelle entre chaque rapport, il n'y a non plus qu'un bon gouvernement possible dans un état. Mais comme mille événemens peuvent changer les rapports d'un peuple, non seulement différens gouvernemens peuvent être bons à divers peuples, mais au même peuple en différens tems.

Pour tâcher de donner une idée des divers rapports qui peuvent régner entre ces deux extrêmes, je prendrai pour exemple le nombre du peuple, comme un rapport plus facile à exprimer.

Supposons que l'état soit composé de dix mille citoyens : le souverain ne peut être considéré que collectivement et en corps ; mais chaque particulier, en qualité de sujet, est considéré comme individu : ainsi le souverain est au sujet comme dix mille est à un ; c'est-à-dire que chaque membre de l'état n'a pour sa part que la dix millième partie de l'autorité souveraine,

Tome II. N

quoiqu'il lui soit soumis tout entier. Que le peuple soit composé de cent mille hommes, l'état des sujets ne change pas, et chacun porte également tout l'empire des loix, tandis que son suffrage, réduit à un cent millième, a dix fois moins d'influence dans leur rédaction. Alors le sujet restant toujours un, le rapport du souverain augmente en raison du nombre des citoyens. D'où il suit que plus l'état s'agrandit, plus la liberté diminue.

Quand je dis que le rapport augmente, j'entends qu'il s'éloigne de l'égalité. Ainsi, plus le rapport est grand dans l'acception des géomètres, moins il y a de rapport dans l'acception commune; dans la première, le rapport, considéré selon la quantité, se mesure par l'exposant; et dans l'autre, considéré selon l'identité, il s'estime par la similitude.

Or, moins les volontés particulières se rapportent à la volonté générale, c'est-à-dire, les mœurs aux loix, plus la force réprimante doit augmenter. Donc le gouvernement, pour être bon, doit être relativement plus fort à mesure que le peuple est plus nombreux.

D'un autre côté, l'agrandissement de

l'état donnant aux dépositaires de l'autorité publique plus de tentations et de moyens d'abuser de leur pouvoir, plus le gouvernement doit avoir de force pour contenir le peuple, plus le souverain doit en avoir à son tour pour contenir le gouvernement. Je ne parle pas ici d'une force absolue, mais de la force relative des diverses parties de l'état.

Il suit de ce double rapport, que la proportion continue entre le souverain, le prince et le peuple, n'est point une idée arbitraire, mais une conséquence nécessaire de la nature du corps politique. Il suit encore que l'un des extrêmes, savoir, le peuple comme sujet, est fixe et représenté par l'unité, toutes les fois que la raison doublée augmente ou diminue, la raison simple augmente ou diminue semblablement, et que par conséquent le moyen terme est changé. Ce qui fait voir qu'il n'y a pas une constitution de gouvernement unique et absolue, mais qu'il peut y avoir autant de gouvernemens différens en nature, que d'états en grandeur.

Si, tournant ce système en ridicule, on disoit que, pour trouver cette moyenne proportionnelle et former le corps du gouvernement, il ne faut, selon moi, que tirer la racine quarrée du nombre du peuple; je répondrois que je ne prends ici ce nombre que pour un exemple; que les rapports dont je parle ne se mesurent pas seulement par le nombre des hommes, mais en général par la quantité d'action laquelle se combine par des multitudes de causes; qu'au reste, si, pour m'exprimer en moins de paroles, j'emprunte un moment des termes de géométrie, je n'ignore pas cependant que la précision géométrique n'a point lieu dans les quantités morales.

Le gouvernement est en petit, ce que le corps politique qui le renferme est en grand. C'est une personne morale douée de certaines facultés, active comme le souverain, passive comme l'état, et qu'on peut décomposer en d'autres rapports semblables; d'où naît par conséquent une nouvelle proportion, une autre encore dans celle-ci, selon l'ordre des tribunaux jusqu'à ce qu'on arrive à un moyen terme indivisible, c'est-à-dire, à un seul chef ou magistrat suprême, qu'on peut se représenter, au milieu de cette progression comme l'unité entre la série des fractions et celle des nombres.

Sans nous embarrasser dans cette multiplication de termes, contentons - nous de considérer le gouvernement comme un nouveau corps dans l'état, distinct du peuple et du souverain, et intermédiaire entre l'un et l'autre.

Il y a cette différence essentielle entre ces deux corps, que l'état existe par lui-même, et que le gouvernement n'existe que par le souverain. Ainsi la volonté dominante du prince n'est ou ne doit être que la volonté générale ou la loi ; sa force n'est que la force publique concentrée en lui : si-tôt qu'il veut tirer de lui-même quelque acte absolu et indépendant, la liaison du tout commence à se relâcher. S'il arrivoit enfin que le prince eût une volonté particulière plus active que celle du souverain, et qu'il usât, pour faire obéir à cette volonté particulière, de la force publique qui est dans ses mains, en sorte qu'on eût, pour-ainsi-dire, deux souverains, l'un de droit et l'autre de fait ; à l'instant l'union sociale s'évanouiroit, et le corps politique seroit dissous.

N 3

Cependant, pour que le corps du gouvernement ait une existence , une vie
réelle qui le distingue du corps de l'état ;
pour que tous ses membres puissent agir
de concert, et répondre à la fin pour laquelle il est institué, il lui faut un *moi*
particulier , une sensibilité commune à
ses membres , une force , une volonté
propre qui tende à sa conservation. Cette
existence particulière suppose des assemblées, des conseils ; un pouvoir de délibérer, de résoudre , des droits , des titres ,
des priviléges qui appartiennent au prince
exclusivement, et qui rendent la condition
du magistrat plus honorable à proportion
qu'elle est plus pénible. Les difficultés
sont dans la manière d'ordonner , dans
le tout , ce tout subalterne , de sorte
qu'il n'altère point la constitution générale
en affermissant la sienne ; qu'il distingue
toujours sa force particulière destinée à
sa propre conservation , de la force publique destinée à la conservation de l'état ;
et qu'en un mot il soit toujours prêt à
sacrifier le gouvernement au peuple , et
non le peuple au gouvernement.

D'ailleurs , bien que le corps artificiel

du gouvernement soit l'ouvrage d'un autre corps artificiel, et qu'il n'ait en quelque sorte qu'une vie empruntée et subordonnée, cela n'empêche pas qu'il ne puisse agir avec plus ou moins de vigueur ou de célérité ; jouir, pour ainsi dire, d'une santé plus ou moins robuste. Enfin, sans s'éloigner directement du but de son institution, il peut s'en écarter plus ou moins, selon la manière dont il est constitué.

C'est de toutes ces différences que naissent les rapports divers que le gouvernement doit avoir avec le corps de l'état, selon les rapports accidentels et particuliers par lesquels ce même état est modifié ; car souvent le gouvernement le meilleur en soi, deviendra le plus vicieux, si ses rapports ne sont altérés selon les défauts du corps politique auquel il appartient.

Fin de l'Appendice.

N 4

Note de l'Éditeur.

LA lettre suivante, de M. Théophile Mandar., nous ayant paru contenir des détails et des réflexions propres à entretenir dans le cœur des citoyens le zèle et l'amour de la liberté, en même tems que cette lettre contient le récit fidèle de la démarche véritablement patriotique de M. Mandar auprès du général qui commandoit le camp du champ de Mars, le 14 juillet 1789, nous avons profité de la liberté qu'il nous a laissée en partant pour l'Angleterre (où il est maintenant), de l'insérer à la fin de ce second volume.

Quant aux Observations sur le commerce et l'esclavage des Nègres, nous les donnons au public plutôt comme un abrégé de ce qui pourroit être dit sur une question aussi essentiellement liée à la prospérité de notre commerce, à celle de nos manufactures, et relativement à la morale des nations les unes envers les autres, que comme un discours achevé.

M. Mandar a rédigé ces observations en décembre 1788 ; il ne les avoit faites que pour être envoyées à M. B. S. FROSSARD, à qui elles parvinrent trop tard.

LETTRE
DU TRADUCTEUR

A M. GUILLAUME TIBBATTS.

Paris, le 2 septembre 1790.

VOUS désirez, mon ami, que je vous envoie, avec la traduction du livre de Needham, toutes les notes qui n'ont pu être insérées dans le corps de l'ouvrage. Vous me demandez encore de vous communiquer mes réflexions sur les évènemens arrivés en France depuis votre départ de Paris. Je vous l'avouerai, mon ami, je m'étois promis de supprimer tout ce qui n'a que des rapports éloignés avec la cause de la liberté des nations. Nous avons, vous le savez, un bon nombre *d'esprits* des auteurs célèbres, au moyen desquels un auteur, après avoir employé plusieurs lustres à perfectionner son ouvrage, se voit morceler de la même manière que le seroit le chef-d'œuvre d'un peintre, dont le graveur ne nous donneroit que la figure prin-

cipale d'un tableau qui en contiendroit plusieurs. C'est à l'avidité mal raisonnée de
quelques libraires , et plus encore à la fri-
volité et à la vélocité des instans que nous
donnons à l'étude , que l'on doit attribuer
un usage qui rend nuls pour nous tous les
avantages que nous obtiendrions de la lecture entière d'un bon ouvrage.

Ce n'est que par une étude raisonnée de
l'histoire , qu'un peuple , devenu libre ,
pourra connoître combien il lui importe
de redouter la tyrannie et d'observer quelle
est la conduite de ses agens.

Je crains, mon ami, je tremble que les
peuples qui auront recouvré leur liberté ,
ne se laissent aller à une trompeuse sécu-
rité : et « si, comme le dit Condillac, les
» désordres ont un terme; si la multitude
» brave témérairement les maux dont elle
» n'est encore que menacée ; si elle s'abat
» lâchement sous ceux qu'elle éprouve,
» voilà, continue-t-il, le moment propre à
» lui faire subir le joug des loix ; c'est un
» animal féroce, il faut saisir le moment de
» son sommeil pour l'enchaîner ». Peuples,
n'oubliez jamais que les rois sont ardens
et habiles à profiter des premiers momens

de sommeil et d'indolence auxquels vous pourrez vous livrer, pour vous asservir, vous de qui ils tiennent toute leur puissance, VOUS QUI ÊTES LEURS MAÎTRES !

Un état despotique, dit Montesquieu, est un corps malade, qui ne se soutient pas par un régime doux et tempéré, mais par des remèdes violens qui l'épuisent et le minent sans cesse. Et, dit Tite-Live, les particuliers ne sentent les misères de l'état, qu'autant qu'elles nuisent à leur fortune. Je proposerois donc, qu'afin de nous tenir sans cesse les yeux ouverts sur les empiète-mens combinés de toutes les espèces de pouvoirs, les juges montassent tous les ans dans les chaires des églises, ou, à leur défaut, celui des citoyens à qui on auroit déféré cet honneur (La nouveauté de ce spectacle y attireroit le public en foule.). Là, l'orateur exposeroit au peuple tous les excès, tous les crimes et toutes les atro-cités qui ont eu lieu dans les gouvernemens absolus ; là, il exciteroit dans les ames haine et aversion contre toute espèce de gouver-nement arbitraire ; là, l'orateur rappelle-roit à l'homme quelle source de maux les rois absolus ont versée sur les peuples. Les

voûtes sacrées retentiroient de ces ouvrages
immortels, qui nous ont transmis le souvenir des excès commis dans tous les tems
envers tous les peuples par les agens de la
tyrannie. Je voudrois, mon ami, que les
spectacles nous représentassent dans leur
multiformité tous les crimes de l'ancien
régime; les citoyens, à la vue de ces
images de la tranquille et profonde scélératesse des rois et des grands, se tiendroient sur la défensive, en considérant
que, sous le règne d'un roi qui n'est que
bon, les ministres se sont joués de la force
publique, et tour-à-tour ont souillé le
diadême, du sang et des pleurs de l'innocent. Le jour de la fête de la liberté, il
seroit utile de mettre sous les yeux du
peuple, les scènes les plus propres à lui
inspirer de l'horreur pour tout ce qui a
rapport au systême odieux d'une monarchie absolue; l'embrasement de Rome,
le meurtre d'Agrippine, la mort de Séné-
que, les féroces plaisirs de Néron, les
crimes et les fureurs de ses successeurs!...
et le massacre de la Saint-Barthèlemy,
ce crime porté pendant sept mois dans le
sein de la tyrannie, qui inonda Paris et

la France, de sang et d'ignominie ; et les pieuses dragonnades de Louis XIV, et les saintes exécutions du tribunal de l'inquisition. MARIE (a), reine implacable, toi qui souillas ton règne de tous les crimes que la superstition et le fanatisme avoient imprimés dans ton ame ; Marie, digne épouse de PHILIPPE II, couple féroce,

(a) Marie, fille de Henri VIII et de Catherine d'Aragon, succéda à Edouard VI. Elle fit périr sur un échafaud l'infortunée Jeanne Gray, régna quatre ans, et autorisa, pendant son règne, toutes les rigueurs de la sainte inquisition. Marie priva Elisabeth de la liberté, et, sous le règne de cette reine, Elisabeth éprouva toute l'horreur d'une longue captivité. La leçon étoit sévère sur les abus du pouvoir ; mais telle est la nature incorrigible du caractère de l'homme destiné à régner, que, quelles que soient les impressions qu'il aura reçues, l'éducation ou les malheurs qui auront concouru à déposer dans son cœur le germe des vertus et l'amour du bien, du moment qu'il a ceint le diadème, il oublie toutes ces choses ; il épouse la souveraine puissance ; il s'identifie à tous les vices ; il ne se soucie des hommes qu'en considération des services qu'il en obtient, des hommages qu'ils lui rendent, des degrés de soumission, de bassesse et d'abnégation, auxquels ils s'accoutument. Elisabeth fit éprouver à Marie Stuart une captivité de dix-huit ans, et la fit décapiter.

vous seriez, au jour de la fête de la liberté, l'emblême de la tyrannie! O NÉRON!
ton règne fut un bienfait, si je le compare à celui de PHILIPPE et de MARIE!
Il suffira, pour en donner une idée, que
je vous envoie le caractère de ce roi. » Et
» vous despotes, qui ne soupçonnez pas
» qu'avec une excessive autorité (nous dit
M. de Mirabeau, dans son ouvrage intitulé, *Aux Bataves*), on puisse être le
» plus vil comme le plus exécrable des
» hommes, lisez la vie de PHILIPPE II!
» Maître d'un empire, dont la plus petite
» partie eût excédé les bornes de son intelli-
» gence, il épuisa les trésors de l'Améri-
» que, il avilit et dépeupla l'Espagne, dans
» l'espoir d'ajouter à sa monstrueuse puis-
» sance, la France et l'Angleterre. Des
» millions d'hommes devinrent les instru-
» mens et les victimes de son despotisme.
» Implacable dans ses haines, impitoyable
» dans ses vengeances, incestueux, adul-
» tère, banqueroutier, empoisonneur, en-
» nemi d'un père qui l'avoit trop aimé, as-
» sassin de son fils et de son épouse, di-
» gne de tous les supplices, puisqu'il avoit
» commis tous les crimes, il mourut sans

» remords, croyant avoir glorieusement
» régné, parce qu'il avoit dépouillé ses
» sujets de leurs antiques prérogatives ; il
» mourut plein de confiance dans le Dieu
» de l'univers, lui qui avoit envié à Char-
» les IX le massacre de la St-Barthélemy ;
» lui qui, non content d'avoir immolé,
» pendant quarante-trois ans, à des dog-
» mes inintelligibles, des milliers de ses
» semblables, s'étoit fait au besoin d'ani-
» mer, de la voix et du geste, le fer de
» leurs bourreaux ».

Et s'il étoit nécessaire de ne présenter
à nos regards que des sujets tirés de l'histoire de France, Catherine de Médicis,
Charles IX, et le dissimulé Louis XI (a),
pour ne rien dire de Louis XIV et de

____

(a) Etoit-ce un roi juste et débonnaire que
Louis XI, qui fit périr plus de quatre mille personnes par divers supplices, dont il se plaisoit à
être le spectateur ? La plupart avoient été exécutés
sans forme de procès ; plusieurs noyés une pierre
au cou ; d'autres précipités sur une bascule, d'où ils
tomboient sur des roues armées et hérissées de
pointes et de tranchans qui les déchiroient ; d'autres
étouffés dans les cachots : Tristan, l'infernal Tristan
étant seul le juge, les témoins et l'exécuteur.
Extrait de l'Ami des Loix.

LOUIS XV, LE BIEN AIMÉ, nous offri-
roient tous les genres de scélératesse, de
bassesse et d'oppression, que les tyrans
ont tour-à-tour et à la fois mis en usage,
pour avilir les peuples, les courber et les
assujettir.

Ce n'est que sur une nation avilie, que
les rois parviennent à exercer un empire
absolu. Un citoyen est, à leur égard, ce
cèdre que les vents et les tempêtes ne
peuvent courber; il cessera de vivre,
mais ils ne sera pas assoupli.

CITOYENS ! sans la liberté, il n'est pour
vous aucun asyle où vous puissiez dire
avec vérité : Ici je suis à couvert des attentats de l'autorité. Sans la liberté, toutes vos jouissances seroient précaires. CI-
TOYENS ! SI VOUS POUVIEZ CESSER D'ÊTRE
LIBRES, VOS FILLES seroient vêtues de honte
et rassasiées d'ignominie, par les infames
amours du tyran (a) et de ses agens. Vos
VIEILLARDS, à l'aspect de leurs petits enfans déshonorés, appelleroient la mort,

____

(a) On se souvient encore des amours du Régent :
avec quel pinceau délicat et naturel le chevalier de
Ravannes a esquissé les crimes de ce prince, dont il a
été si souvent le témoin !

si

et ce seroit tout bas , dans la crainte que
le tyran ne les prévînt. Vos FILS seroient
comptés parmi les plus vils animaux. Et,
sous le règne de la tyrannie , ce front,
trône de la valeur , qu'aujourd'hui je vois
ombragé du superbe panache de la liberté ,
ce front sera découvert par le tyran ; il y
imprimera , écoutez bien , écoutez tous
ceci, le tyran y gravera la crainte , il y
imprimera les sentimens abjects. CITOYENS!
ne l'oubliez jamais ; cette crainte, ces sentimens abjects que le tyran aura tracés
sur vos fronts , souffrez, pendant que nous
sommes libres , souffrez que je vous parle
avec cette rudesse qui sied à des hommes
libres , il fera que votre ame en éprouve
les impressions profondes ; il la tiendra
courbée jusques à terre ; il l'y tiendra en-
chaînée.

Que ne puis-je faire entendre au peuple
cette vérité ! que ne peut-il la comprendre
à ce point, qu'il ait sans cesse les yeux
ouverts sur les maux dont sa faveur gros-
sit l'orage , sur les fers qu'il se forge
par son amour idolâtre pour des chefs habiles à le caresser ! Orage affreux de tous
les maux qui résultent de la privation de

la liberté , vous serez facilement conjuré ,
si le peuple se résout enfin à écouter , et
s'il protège de toute sa puissance les auteurs attentifs à jeter l'alarme au premier
mouvement qui se feroit pour dissiper le
moindre des avantages de la liberté. Peuple ! c'est par toi et pour toi , que nous
aimons à jouir du bienfait de la liberté !
Toute notre énergie fait partie de ton
énergie ; ta puissance est notre force ; ta
majesté , semblable à la majesté de l'O-
céan , fait notre gloire , et seule peut suffire à notre orgueil et à notre ambition !

Rappelez-vous , mon ami , la conversa-
tion que j'eus avec vous dans le sallon de
la Guerre , et dans les belles allées du parc,
à Versailles ; vous n'aurez pas oublié que
j'avois projeté de publier un ouvrage intitulé : *Théorie des moyens qu'un peuple
doit employer pour s'affranchir du joug
de la monarchie absolue.* Je vous entre-
tins alors du chapitre dans lequel , après
avoir invité les peuples à se ressaisir de
leurs droits à l'exercice de la souveraineté ;
pour consentir , instituer ou abroger les
loix , je leur en indiquois les moyens. Je
m'étois particulièrement appliqué à combi-

ner tous les mouvemens du peuple, ses passions, leurs effets; j'en avois prévu toutes les vagues et toute la violence; je m'armois de cette puissance, comme des eaux grossies d'un torrent que l'on dirigeroit à la fois et à volonté, pour inonder et pour détruire en peu de tems l'édifice d'une administration chancelante, odieuse et tyrannique. Tous mes moyens étoient brusques, violens, impétueux (a); ils devoient l'être, et le choc auroit été tel, que les

---

(a) Je ne crains pas de le dire, les ministres et la cour n'ont pas un ennemi plus implacable, ni un antagoniste plus ferme dans ses desseins. Eh! comment aurois-je pu, nourri et élevé dans les forêts de l'Amérique, accoutumer mon ame à ces sentimens qui dépravent l'espèce humaine, qui la dénaturent, et qui obscurcissent sa splendeur et sa dignité primitives? Les abus du pouvoir ont donc excité mon indignation; et si je pouvois contribuer à l'affranchissement d'un peuple qui m'intéressât autant que ma patrie, je n'hésiterois pas d'un seul instant à mettre en usage tous les moyens que j'avois imaginés, pour, en révélant au peuple le secret de sa puissance, l'en revêtir d'abord, la lui assurer, et le mettre à couvert de toutes les tentatives de la tyrannie (C'est dans l'homme même, c'est dans ses sentimens, dont j'ai fait une étude profonde, que je

ministres se fussent trouvés tout-à-coup
extrémement embarrassés dans le choix du
parti qu'il leur auroit fait prendre ; chacune de leurs démarches auroit encore
accéléré les effets de l'insurrection. Je bou-
leversois le sol sur lequel le gouvernement
avoit édifié ; je communiquois aux esprits
une commotion violente, qui auroit ébranlé
le trône de la tyrannie jusque dans ses
fondèmens. Souvenez-vous encore, mon
ami, que je mettois la personne du roi et
toute la famille royale à l'abri de l'écroule-
ment qui seroit résulté de la commotion.
Je !... Il y a actuellement deux ans que je

puise toute la puissance, à l'aide de laquelle je ten-
terois de circonvenir la tyrannie ; et si ce livre tombe
entre les mains de ces hommes qui vivent de *l'homme*, qu'ils sachent que LE CITOYEN qui à connu les
avantages de la liberté, ou qui, les ayant goûtés, s'en
voit tout-à-coup privé, PEUT TOUT CONTRE LES TY-
RANS). Où sont-ils ces tribunaux, dont la servile
obéissance soulevoit avec une soumission respec-
tueuse ce voile d'opprobre, d'asservissement et d'infamie, que les rois et leurs agens avoient étendu sur
le genre humain ? Où sont-ils ces magistrats qui se
rassasioient d'or, d'honneurs et de crimes, espèce
plus redoutable que ces reptiles venimeux, qui ram-
pent et qui tuént, qui infectent le lieu même où ils
résident ?

[...] de vous voir, mon ami; si [...] longue série des évènemens [...] ma patrie, il me semble [...] entier tout-à-coup se soit [...]. Vous jugez bien que l'auteur de la [...] théorie, etc. (Je n'ai point achevé cet ouvrage, et j'ai livré au feu tout ce que j'en avois), n'a pas été oisif dans les jours où la liberté, s'élançant de tous les cœurs, déjoua, par sa seule présence, tous les projets concertés par la tyrannie; vastes et admirables projets, dont l'exécution devoit, en un jour, appesantir les chaînes de la servitude, et courber pour jamais le plus grand peuple de l'univers sous le joug de la tyrannie et de la honte. Vous aurez reçu tous les journaux, toutes les feuilles, et il ne vous reste rien à désirer sur les détails des grands jours de la liberté du peuple Fran[çais]. Je vous entends vous plaindre de n'y voir une seule fois le nom de votre ami. [Il faut] que je vous mette dans la confidence de nos journalistes. Quelques-uns abrègent le récit des évènemens avec tant d'art et d'habileté, qu'on les croiroit payés par les agens de la cour, pour nous faire oublier tout ce qui peut concourir à exciter, à nourrir notre amour-propre , à encourager nos premiers succès. D'autres veulent tout dire , et encore tout prédire : or , dans un tems où les évènemens se suivent avec autant de rapidité, pour embrasser aussi l'avenir , il faut réunir le talent rare de ne dire , des choses qui arrivent, que celles qui pourront être concomitantes des événemens que l'on veut prédire ; effet admirable de la liberté sur nos journalistes, qui leur fait lire dans l'avenir , en omettant avec art, des choses qui se passent sous nos yeux , tout ce qui nous porteroit à douter. Aucun de nos journalistes , en un mot , n'a fait mention de la manière dont le général qui commandoit le camp du champ de Mars , s'est vu forcé à précipiter sa retraite. Un auteur , célèbre par sa gaîté, fait lever le camp un jour plus tôt ; et parmi tant de témoins oculaires , qui ont tout vu du fond de leur cabinet , il s'en est trouvé qui mentoient au siècle actuel avec autant d'audace et de simplicité, que si les faits dont ils avoient à nous entretenir, se fussent passés chez les Hottentots.

Tout le monde, excepté vous, mon ami, qui connoissez l'impétuosité de mon caractère, révoquera en doute ce que je pourrai dire qui me concerne ; disons plus équitablement, les lâches ne le pourront jamais croire (Il est nécessaire d'être courageux soi-même, pour croire à l'ardeur et à l'énergie des autres). Le 12 juillet, j'élevai la voix dans le jardin du Palais-royal ; il étoit près de cinq heures après midi. Je m'écriai de toutes mes forces : « Il faut aller démolir » la Bastille » ! Aussi-tôt de mes amis, qui y étoient venus avec moi, m'abandonnèrent, dans la crainte que je ne fusse arrêté.

Je rentrai chez moi, bien résolu de me joindre à tous ceux qui se déclareroient pour la cause du peuple, dans la journée du lendemain.

Le 13, je me rendis, l'épée à la main, à l'hôtel-de-ville, au moment où M. de Flesselles fut destitué de sa place par le peuple, par la raison qu'il avoit été nommé *par la cour*, et non pas élu. Dans la même heure, le peuple le confirma dans la place qu'il occupoit. Tout ceci se passa tumultueusement dans la grande salle où s'assemblent aujourd'hui MM. de la Commune. Je pris part à toutes les vagues de la fureur du peuple; je fis tout ce qu'il me fut possible de faire, pour les diriger contre un gouvernement odieux. — Je parcourois, j'alignois, je serrois les rangs, en communiquant à ceux qui me paroissoient lents et indécis, la vivacité nécessaire pour déterminer leur courage à tout oser, pour nous affranchir. J'électrisois du geste et de la voix tout ce qui n'avoit qu'un commencement de vie, afin de développer de plus en plus le torrent des flammes qui commençoient à s'allumer dans tous les esprits, de l'augmenter, et, par un commun effort, de consumer et d'anéantir les débris infects de l'administration.

Les Français connurent alors que le souffle brûlant de la liberté pouvoit embraser et anéantir l'édifice gothique d'une monarchie étayée jusque dans ses fondemens. Il leur a suffi de faire montre de leurs moyens, contre un gouvernement dont les ressorts trop compliqués s'embarrassoient; le mouvement en étoit ralenti, on ne pouvoit le rétablir qu'à l'aide de la puissance toute entière du siècle à venir. Ceux qui arrivoient au ministère, étoient obligés d'en accélérer la vitesse

quelque tems, et cette vitesse-là
... toute la machine au dan-
... prompt à se mani-
... ils avoient recours à des
... rétrogrades, qui plongeoient
... les ... dans une consternation
universelle. Tout l'état languissoit dans une
profonde inertie, par l'incurie du monarque et de son conseil, par l'indifférence
des uns, et par l'apathie des autres. La
cour, *entravée* dans toutes ses opérations,
ne rencontrant plus par-tout que cette léthargie profonde, avant-coureur de la mort
des états, étoit semblable à un malade qui
lutte avec effort contre le feu de la ma-
ladie et contre l'impéritie des médecins.
Il fait quelques mouvemens, il retombe,
... déja il exhale une odeur infecte et pes-
tiférée, qui nous force à l'ensevelir vivant.
Dans la matinée du 14, la fureur du peuple acquit le plus haut dégré de puissance
et d'énergie. On vit tous les Parisiens, oubliant leur amabilité, et cette politesse qui
les caractérise, animés du plus grand courage, se rendre les maîtres de toutes les armes qui étoient aux Invalides; et en deux
heures, la bastille fut attaquée, prise; De-

launay, Flesselles, immolés. Le roi et toute
la cour furent muets, et enchaînés par la
terreur et par la crainte. L'assemblée nationale, en considérant cet incendie, jugea
quels en seroient les effets. Le roi abandonna volontiers un sceptre de fer, et, plein
de confiance dans les sentimens connus
du peuple pour sa personne, Sa Majesté
vint à Paris le 17. Je m'apperçois, mon
ami, que je ne fais que répéter ce que
vous avez appris de mille manières. Ce
fut le même jour, que, profitant de tout
l'ascendant que nous venions d'obtenir
sur le gouvernement par la prise de la
Bastille, profondement ému de ce deuil
qui viendroit se mêler au souvenir de
nos triomphes, si nos héros citoyens venoient attaquer une armée campée, et toute
disposée à se défendre ; jugeant d'abord
toute l'inutilité d'un engagement avec les
troupes royales, incertain si elles agiroient,
je me rendis au camp du champ de Mars
à quatre heures du soir. J'annonçai au
général tout ce qui venoit de se passer :
je lui dis que la Bastille étoit conquise ;
que M. Delaunay venoit de périr *de la mort
des traîtres ;* que c'étoit ainsi que nous trai-

pouvoir absolu. Ce vieil
invraisemblance de tous
Henri IV, qui avoit as-
ne l'avoit point prise. J'é-
point venu à l'idée
prier qui que ce soit de se joindre à
moi. Je remplis, dans ce moment, les fonctions de MINISTRE PLÉNIPOTENTIAIRE, en-
voyé par les Parisiens ; je n'avois point de
lettres de créance, j'offris *ma tête* pour
preuve de la vérité de nos triomphes. Je
dis au baron de Bezenval : Je vous observe
que je suis ici dans un camp ; vous seul y
commandez, je ne puis en sortir que de
votre consentement : que je perde la liberté et la vie, si ce que je dis n'est point
vrai. Ne pouvant plus long-tems douter de
la vérité de mes récits, étonné que j'eusse osé
pénétrer seul dans le camp ; plus étonné
encore des choses invraisemblables (elles
paroissurent telles) que je lui annonçois,
trouvant alors un sang froid qui n'avoit
plus que de naturel, mais d'un ton de voix
calme et pénétré, ce général me répondit :
« Retournez vers vos concitoyens, et leur
dites que je ne sers point contre eux. Je
ne sortirai point de mon camp pour aller

à eux) je ne tirerai point l'épée [illegible]
les Parisiens ; je suis ici pour donner
secours à Paris, dans le cas où il en aura
besoin contre des brigands (*a*) ; et je répliquai : Le seul moyen de persuader mes
concitoyens de la sincérité de votre promesse, seroit que je pusse leur assurer que
déjà vous n'êtes plus ici ; fuyez, Monsieur,
fuyez ; n'emportez ni tentes ni matelas ;
c'est l'amour de l'humanité qui m'a inspiré
le dessein de me rendre auprès de vous ;
fuyez ! ...... Si dans une heure vous êtes
encore ici, je vois le sang couler ; ce combat peut être évité par votre retraite ; fuyez ;
vous ne sçauriez, avec trop de hâte, mettre
la plus grande distance entre votre armée et Paris. — Je vais expédier un courrier, pour recevoir les ordres de la cour.
— Ne prenez l'ordre, Monsieur, que de
votre amour pour la paix, si vous ne vou-
lez être attaqué et vous défendre ; il est
encore tems, fuyez ! Dans une demi-heure
peut - être, cent mille de nos citoyens
vont se précipiter au champ de Mars ; ils
demanderont votre tête ; je crains, Mon-

(*a*) J'ai fait une déposition au châtelet, le 29 Décembre 1789, absolument conforme à ce détail.

leur, non pour vos troupes, mais qu'il ne
périsse ici un seul de nos citoyens ; et quand
mille de vos soldats périroient, leur mort
seroit inutile ; rien ne peut compenser la
perte d'un citoyen, que l'avantage de la
patrie ; le combat est inutile ; la fuite est
le seul parti que vous ayez à prendre. Le
général assembla ses officiers, me réitéra
sa promesse de ne point venir à Paris,
d'éviter un engagement avec nos citoyens,
et me congédia. A peine j'étois hors du
camp, que j'entendis sonner la retraite.

Je rendis compte de l'entretien que je
venois d'avoir avec le baron de Bezenval,
à plusieurs citoyens auxquels j'avois fait
part, avant que de pénétrer dans le camp,
de tout le désir que j'aurois de faire décamper l'armée que nous avions sous les
yeux. Quelques uns d'entre eux avoient
été d'avis que je laissasse arriver l'armée
Parisienne, plutôt que de me livrer à la
merci d'un officier général, dont la sévérité connue leur faisoit appréhender pour
moi des suites fâcheuses ; une personne,
entre autres, me prédit que ce général me
regarderoit comme un imposteur, et qu'il
me feroit pendre. L'avis de tous étoit una-

nime, pour que j'abandonnasse l'idée de faire lever le camp. Eh ! bien, repartis-je, si le général me fait périr, je périrai seul; il ne tardera pas à décamper, et nos citoyens ne viendront point ici ensanglanter leurs lauriers..... Vous dirai-je quelle fut la surprise de ces citoyens, en me revoyant libre et plein de joie, porteur des promesses verbales du général? Ils jugèrent alors de la vérité de ces promesses, par le bruit des tambours et le mouvement qui se faisoit dans le camp, d'où, par parenthèse, on jetoit un regard sur Paris, mêlé de je ne sais quelle terreur pour les officiers, et de joie pour les soldats qui y étoient mal nourris et à découvert de tous côtés. Enfin, mon ami, ces citoyens me contemplèrent avec un étonnement et une joie qui faisoient un contraste admirable avec les craintes qu'ils avoient éprouvées sur mon sort, et plus encore avec le *ha ha* des troupes du camp. Je ne pensai, pas, mon ami, que je pusse expier le tort que j'avois de ne m'être point trouvé à la prise de la Bastille, autrement que par une démarche tranchante, utile, et qui a en effet contribué à accélérer la fuite d'une armée

Malgré toute la joie que je ressens de ma démarche au camp du champ de Mars, il est nécessaire que je vous dise, mon ami, pourquoi je ne fus pas à la prise de la Bastille. Le 13, je me rendis à Saint-Eustache, et je fis des patrouilles depuis huit heures du soir jusqu'à deux heures du matin. Je me levai tard le 14, et ce ne fut que sur les onze heures que je me rendis au District. Je partis de Saint - Eustache avec 60 hommes ; je signai le procès-verbal de la visite que nous fîmes de la maison, du jardin, des caves, greniers, etc., chez les sieurs Leleu et compagnie, accusés de faire des accaparemens de farines. Cette visite nous retint plus de deux heures. De là rue des Jeûneurs, où ces MM. font leur résidence, je me rendis aux Invalides pour y prendre des armes ; là étoient 15 à 20000 hommes, qui s'empressoient pour se procurer de mauvais fusils : je renonçai à ces armes ; et comme, chemin faisant, le public nous avoit annoncé que la Bastille étoit prise, j'accueillis cette nouvelle avec joie, et je formai aussitôt la résolution de la porter au camp. Je vous avouerai, mon ami, que, lorsque j'y fus entré, l'officier qui commandoit le poste avancé, m'ayant donné une sentinelle qui m'accompagna, *à hautes armes*, jusque dans le premier appartement du général, j'éprouvai une frayeur involontaire, qui provenoit, sans doute, de l'assurance que l'on m'avoit donnée que je perdrois la vie ; je regrettois de n'avoir pas salué, avant que de me sacrifier, une personne qui m'est infiniment chère : je m'efforçai donc pour surmonter cette vaine terreur, et me livrant tout entier aux sentimens du plus ardent patriotisme, je me dis : « C'est savoir aimer les hommes, c'est mériter d'en être aimé, que de contribuer à anéantir jusqu'aux moindres espérances des agens de la tyrannie. C'est penser en homme, que de s'occuper des moyens de prévenir les empiètemens des gens puissans, de s'opposer à l'accroissement de leur autorité, d'en dénoncer les abus et tous les excès. C'est mourir dignement, que de perdre la vie en luttant contre la force qui opprime, et en attaquant la tyrannie dans sa retraite. Celui-là est heureux, qui, s'immolant pour sa patrie, parvient à briser les fers de ses concitoyens ;

un tel trépas est un triomphe ! O mon ami !
telles étoient les courageuses pensées qui
agitoient mon ame toute entière. Peut-on
craindre la mort, pendant que la tyrannie
est debout, qu'elle exerce ses fureurs, et
qu'elle dévore les nations après les avoir
avilies ? . . . . La tyrannie respire, et je
craindrois la mort ! . . , , Aujourd'hui tous
ses agens sont égarés dans les sentiers de
leur politique tortueuse ; les enfans de
Machiavel sont à bout de moyens ; ils ne
savent lequel, du fer ou du poison . . . .
(c'est quand la tyrannie s'avise, qu'il faut
agir); aujourd'hui la liberté se réveille,
s'arme, et triomphe : mourons, s'il le faut ! . . .
Cette armée combattroit-elle nos citoyens ?
Non, je ne le souffrirai pas. Que l'officier qui la commande, apprenne nos triomphes ! il fuira : que l'amour de l'humanité,
de la paix, lui donne des ailes ! il en
croira la naïveté et la rapidité de mes
récits ; sa délibération sera une prompte
retraite. Je sentis renaître tout mon courage, à mesure que j'approchois de l'École
Militaire (le général y étoit logé).

Je ne vous fatiguerai pas, mon ami, de
mon retour à Paris, à la tête d'un corps

des 1800 à 2000 hommes, que je joignis à
la grille royale des Invalides : je ne les
commandois point ; mais l'un (*a*) des officiers de ce corps avoit bien voulu souffrir que je marchasse à leur tête. Ainsi
j'avois, en apparence, les honneurs du commandement, sans en avoir ni la capacité
ni la charge. Il me suffira de vous dire
que ces 2000 hommes étoient précédés de
cinq pièces de canons, prises aux Invalides, et qu'ils étoient suivis de deux canons
de 18. Nous arrivâmes, tambour battant,
drapeaux déployés (*b*) et mèches allu-
mées, dans le jardin du palais-royal. Là,
mon ami, j'eus part aux applaudissemens
d'un public immense, qui parut étonné
du grand nombre de citoyens armés, à la
tête desquels j'avois l'honneur de me trouver. La vue de nos cinq pièces de canon
causa une extrême joie ; mais elle fut au
comble, lorsque l'on se fut apperçu que
tous étoient armés de fusils avec leurs

(*a*) M. Thevenin, homme plein d'humanité,
qui en a donné des preuves en sauvant la vie à plusieurs personnes qui se noyoient. Voyez le Journal
de Paris, du 22 janvier 1786.

(*b*) Ceux des lanceurs du Gros-caillou.

baïonnettes, de sabres et d'épées; on considéra aussi que presque tous avoient des gibernes; et les deux pièces de canons que nous avions en queue, ayant été placées près des cinq premières, chacun répétoit : *Sept canons*! La troupe fit halte, et je dînai; il étoit six heures et demie. Le tambour bat, cette petite armée s'achemine vers la Grève; mais au moment où les canons, déjà passés, étoient suivis par les tambours sous la voûte de l'appartement du duc, un dragon obtint que toute la troupe suspendît sa marche; il la harangua (Un des avantages de la liberté, c'est de changer en orateurs les hommes les plus simples, et de leur donner une puissance à laquelle rien ne résiste). Pour la conduire droit au champ de Mars, et faire de gré ou de force décamper l'armée du roi, je me crus obligé alors de haranguer le peuple. Je rendis compte de la promesse que le général du camp m'avoit faite; j'insistai pour qu'on ne l'inquiétât pas dans sa retraite. Le dragon avoit été applaudi; un cri général : « Au camp » ! s'étoit fait entendre de par-tout. Je parlai, et je fus assez heureux pour persuader à ces généreux citoyens;

malgré la harangue du dragon, que le camp faisoit sa retraite.

Depuis ce jour, mon ami, je me suis livré, plus que jamais, à la lecture des ouvrages qui ont contribué à éclairer les hommes sur leurs intéréts. Le premier auquel je donnai mes veilles, fut celui de Needham. Mais afin de me rendre plus familière l'intelligence de la langue angloise, je donnai la traduction de quelques voyages : je reconnus bientôt que les traductions de ces sortes d'ouvrages ne pouvoient être tout au plus qu'un délassement, si on les compare à celle du livre de Needham, dont les Anglois font le plus grand cas, et qui est regardé parmi eux comme un des génies les plus hardis qui aient écrit sur la liberté des peuples, et celui dont les ouvrages offrent, par la concision et la sublimité de ses idées, les armes les plus propres à combattre tous les partisans d'une monarchie absolue.

Si vous étiez ici, mon ami, je vous ferois observer avec quelle sagesse les députés qui composent l'assemblée nationale, ont réalisé (comme si tous les bienfaits d'une constitution libre avoient dû ne se répandre

sur nous qu'avec cette harmonie et cet ensemble qui ajoutent encore à leur majesté)
toutes les idées sur la liberté et l'indépendance de l'homme ; sur l'inviolabilité de
ses droits à se gouverner, à n'obéir qu'aux
loix qu'il aura consenties, à les abolir, les
proroger, les interpréter et les maintenir :
principes sublimes que Needham a consacrés en Angleterre sous Charles II, et
que Sydney a revêtus des charmes de son
éloquence. Oui, mon ami, tout ce que ces
deux grands hommes avoient osé désirer,
dans ces momens où le génie, prenant un
libre essor, ne se repose que sur des vérités utiles, pour amender, si j'ose ainsi
m'exprimer, l'espèce humaine ; leurs principes favoris, accueillis par nos modernes,
étudiés avec amour par l'abbé de Condillac,
ces principes que l'abbé de Mably a présentés à l'univers sous une forme méthodi-
que et sublime, par l'heureuse simplicité
de son style, ces principes ont été réduits
en système, d'abord par Montesquieu. Ce
grand homme les a divisés, pour en apprécier tous les avantages, les comparer entre
eux, les lier dans un ordre parfait, et en
faire découler tous les avantages d'une sage

P 3

constitution. Ces auteurs, mon ami, ont applani la route qui nous conduisoit vers les grands principes de la législation. J. J. Rousseau l'a rendue facile ; il l'a éclairée ; il en a reculé les limites. La sagesse divine a comblé le Génevois de ses dons ; elle lui a permis de lire, avec elle, les pages du livre des loix faites pour l'homme : il a saisi les rapports qui les unit, ceux qui les distinguent ; il a donné à ces principes éternels, cette noblesse inséparable de tout ce qui ne peut changer ; il nous les a présentés avec énergie et avec clarté. Les savans ont été remplis d'étonnement ; les rois ont connu qu'une lumière douce se réfléchissoit sur eux ; qu'elle pourroit, par son intensité, parvenir à dissoudre tous les ressorts de leur administration féroce et tyrannique ; ils ont senti que cette lumière suffisoit pour éclairer tous les esprits sur la vanité de cette prétention monstrueuse, « que les rois ne tiennent leur couronne » que de Dieu ; que le droit de faire des » loix leur appartient à eux seuls, sans dé- » pendance et sans partage (a) ». Ils ont

____

(a) Lit de justice du 7 décembre 1770 ; ce monument de la crédulité du monarque, de l'ambition

redoublé leurs efforts pour soutenir une proposition aussi impie, et dès-lors ils en ont éprouvé la foiblesse. L'assemblée nationale, composée d'hommes qui aiment l'homme, n'a eu besoin que de vouloir, pour nous présenter ces décrets constitutionnels, qui sont le résultat de tout ce que Needham, Sydney, Locke, Fénélon, Mably, Boulanger, Raynal, etc., avoient pensé. Son amour pour la liberté, et son zèle à promulguer, à la face du ciel, à tout un

---

des ministres, et de l'adulation des grands. Le roi, séant au lit de justice, a dit : « Messieurs, mon » chancelier va vous expliquer *mes intentions* ». Le chancelier a dit, au nom du roi : « MM., SA MA- » JESTÉ devoit croire que vous recevriez avec respect » et avec soumission une loi qui contient les véri- » tables principes, des principes avoués et défendus » par nos pères, et consacrés dans les monumens » de notre histoire ».

Quelle est cette loi ? Le roi s'en explique en ces termes :

NOUS NE TENONS NOTRE COURONNE QUE DE DIEU. LE DROIT DE FAIRE DES LOIX NOUS APPARTIENT A NOUS SEUL, SANS DÉPENDANCE ET SANS PARTAGE.

Je renvoie le lecteur à un petit ouvrage, intitulé : *Extrait de l'Ami des Loix*, lacéré en 1775, dédié, en 1790, à l'assemblée nationale.

peuple assemblé, ces vérités innées, si étroitement liées au bonheur des nations (et que l'ardente philanthropie de J. J. Rousseau, qui les avoit prononcées en la présence des rois, avoit rendues célèbres par toute la terre), mériteront à l'assemblée nationale la reconnoissance de nos derniers neveux, toute notre confiance et notre soumission.

Les voici, mon ami, dans l'ordre avec lequel ils nous ont été donnés.

Extrait des procès-verbaux de l'assemblée nationale, des 20, 21, 22, 23, 24, 26 août et premier octobre 1789.

DÉCLARATION DES DROITS DE L'HOMME EN SOCIÉTÉ.

LES représentans du peuple Français, constitués en ASSEMBLÉE NATIONALE, considérant que l'ignorance, l'oubli ou le mépris des droits de l'homme, sont les seules causes des malheurs publics et de la corruption des gouvernemens, ont résolu d'exposer, dans une déclaration solemnelle, les droits naturels, inaliénables et sacrés de l'homme ; afin que cette déclaration, constamment présente à tous les membres du corps social ; leur rappelle sans cesse leurs droits et leurs devoirs ; afin que les actes du pouvoir législatif, et ceux du pouvoir exécutif, pouvant être à chaque instant comparés avec le but de toute institution politique, en soient plus respectés ; afin que les réclamations des citoyens, fondées désormais sur des principes simples et incontestables ; tournent toujours au maintien de la constitution et au bonheur de tous.

ARTICLE PREMIER.

» Les hommes naissent et demeurent libres et égaux en droits. Les distinctions sociales ne peuvent être fondées que sur l'utilité commune.

II.

» Le but de toute association politique est la conservation des droits naturels et imprescriptibles de l'homme. Ces droits sont la liberté, la propriété, la sûreté, et la résistance à l'oppression.

III.

» Le principe de toute souveraineté réside essentiellement dans la nation ; nul

corps, nul individu ne peut exercer d'autorité qui n'en émane expressément.

I V.

» La liberté consiste à pouvoir faire tout
ce qui ne nuit pas à autrui : ainsi l'exercice des droits naturels de chaque homme
n'a de bornes que celles qui assurent aux
autres membres de la société, la jouissance
de ces mêmes droits. Ces bornes ne peuvent
être déterminées que par la loi.

V.

» La loi n'a le droit de défendre que
les actions nuisibles à la société. Tout ce
qui n'est pas défendu par la loi, ne peut
être empêché, et nul ne peut être contraint
à faire ce qu'elle n'ordonne pas.

V I.

» La loi est l'expression de la volonté
générale. Tous les citoyens ont droit de
concourir personnellement, ou par leurs
représentans, à sa formation. Elle doit être
la même pour tous, soit qu'elle protège,
soit qu'elle punisse : tous les citoyens
étant égaux à ses yeux, sont également
admissibles à toutes dignités, places et
emplois publics, selon leur capacité, et

sans autre distinction que celle de leurs vertus et de leurs talens.

V I I.

» Nul homme ne peut être accusé, arrêté, ni détenu, que dans les cas déterminés par la loi, et selon les formes qu'elle a prescrites. Ceux qui sollicitent, expédient, exécutent ou font exécuter des ordres arbitraires, doivent être punis ; mais tout citoyen appelé ou saisi en vertu de la loi, doit obéir à l'instant : il se rend coupable par la résistance.

V I I I.

» La loi ne doit établir que des peines strictement, évidemment nécessaires, et nul ne peut être puni qu'en vertu d'une loi établie et promulguée antérieurement au délit, et légalement appliquée.

I X.

» Tout homme étant présumé innocent jusqu'à ce qu'il ait été déclaré coupable, s'il est jugé indispensable de l'arrêter, toute rigueur qui ne seroit pas nécessaire pour s'assurer de sa personne, doit être réprimée par la loi.

X.

» Nul ne doit être inquiété pour ses

opinions, même religieuses, pourvu que leur manifestation ne trouble pas l'ordre public établi par la loi.

X I.

» La libre communication des pensées et des opinions est un des droits les plus précieux de l'homme. Tout citoyen peut donc parler, écrire, imprimer librement, sauf à répondre de l'abus de cette liberté dans les cas déterminés par la loi.

X I I.

» La garantie des droits de l'homme et du citoyen nécessite une force publique : cette force est donc instituée pour l'avantage de tous, et non pour l'utilité particulière de ceux auxquels elle est confiée.

X I I I.

» Pour l'entretien de la force publique, et pour les dépenses de l'administration, une contribution commune est indispensable : elle doit être également répartie entre tous les citoyens, en raison de leurs facultés.

X I V.

» Tous les citoyens ont le droit de

constater , par eux-mêmes , ou par leurs représentans , la nécessité de la contribution publique , de la consentir librement , d'en suivre l'emploi , et d'en déterminer la quotité , l'assiette , le recouvrement et la durée.

X V.

» La société a le droit de demander compte à tout agent public , de son administration.

X V I.

» Toute société dans laquelle la garantie des droits n'est pas assurée , ni la séparation des pouvoirs déterminée , n'a point de constitution.

X V I I.

» Les propriétés étant un droit inviolable et sacré , nul ne peut en être privé , si ce n'est lorsque la nécessité publique , légalement constatée , l'exige évidemment , et sous la condition d'une juste et préalable indemnité.

Extrait du procès-verbal de l'assemblée nationale, du jeudi premier octobre 1789.

» L'assemblée a arrêté que M. le président se retirera devers le roi, à l'effet de présenter à son acceptation la déclaration des droits ».

» Collationné conforme à l'original.

» *Signé* MOUNIER, *président*, le vicomte DE MIRABEAU, DEMEUNIER, BUREAUX DE PULY, L'EVÊQUE DE NANCY; FAYDEL, l'abbé D'EYMAR, *secrétaire* ».

Et en date des 9, 11, 12, 14, 17, 21, 30 *septembre et* 1 *octobre* 1789.

ARTICLES DE CONSTITUTION.

ARTICLE PREMIER.

« Tous les pouvoirs émanent essentiellement de la nation, et ne peuvent émaner que d'elle.

I I.

» Le gouvernement Français est monarchique; il n'y a point en France d'autorité supérieure à la loi; le roi ne règne que par elle, et ce n'est qu'en vertu des loix qu'il peut exiger l'obéissance.

I I I.

» L'ASSEMBLÉE NATIONALE a reconnu et déclaré comme points fondamentaux de la monarchie Française, que la personne du roi est inviolable et sacrée ; que le trône est indivisible ; que la couronne est héréditaire dans la race régnante, de mâle en mâle, par ordre de primogéniture, à l'exclusion perpétuelle et absolue des femmes et de leurs descendances, sans entendre rien préjuger sur l'effet des renonciations.

I V.

» L'assemblée nationale sera permanente.

V

» L'assemblée nationale ne sera composée que d'une chambre.

V I.

» Chaque législature sera de deux ans.

V I I.

» Le renouvellement des membres de chaque législature sera fait en totalité.

V I I I.

» Le pouvoir législatif réside dans l'assemblée nationale, qui l'exercera ainsi qu'il suit :

I X.

» Aucun acte du corps législatif ne

pourra être considéré comme loi, s'il n'est fait par les représentans de la nation librement et légalement élus, et s'il n'est sanctionné par le monarque.

X

» Le roi peut refuser son consentement aux actes du corps législatif.

X I.

» Dans le cas où le roi refusera son consentement, ce refus ne sera que suspensif.

X I I.

» Le refus suspensif du roi cessera à la seconde des législatures qui suivront celle qui aura proposé la loi.

X I I I.

» Le roi peut inviter l'assemblée nationale à prendre un objet en considération ; mais la proposition des loix appartient exclusivement aux représentans de la nation.

X I V.

» La création et suppression des offices ne pourront avoir lieu qu'en exécution d'un acte du corps législatif, sanctionné par le roi.

X V.

» Aucun impôt ou contribution, en nature

ture

ture ou en argent, ne peut être levé; aucun emprunt, direct et indirect, ne peut être fait autrement que par un décret exprès de l'assemblée des représentans de la nation.

X V I.

» Le pouvoir exécutif suprême réside exclusivement dans la main du roi.

X V I I.

» Le pouvoir exécutif ne peut faire aucune loi, même provisoire; mais seulement des proclamations conformes aux loix, pour en ordonner ou en rappeler l'observation.

X V I I I.

» Les ministres et les autres agens du pouvoir exécutif sont responsables de l'emploi des fonds de leur département, ainsi que de toutes les infractions qu'ils pourront commettre envers les loix, quels que soient les ordres qu'ils aient reçus; mais aucun ordre du roi ne pourra être exécuté, s'il n'a pas été signé par sa majesté, et contre-signé par un secrétaire d'état ou par l'ordonnateur du département.

X I X.

» Le pouvoir judiciaire ne pourra, en aucun cas, être exercé par le roi; ni par

Tome II.   Q

le corps législatif ; mais la justice sera administrée au nom du roi par les seuls tribunaux établis par la loi , suivant les principes de la constitution , et selon les formes déterminées par la loi ».

Extrait du procès-verbal de l'assemblée nationale , du jeudi premier octobre 1789.

L'assemblée nationale a arrêté que M. le président se retirera devers le roi , à l'effet de présenter à son acceptation les divers articles déjà décrétés de la constitution.

» Collationné conforme à l'original.

» *Signé* Mounier , *président* ; Demeunier , Faydel , *l'abbé* d'Eymar , *l'évêque* de Nancy , *le vicomte* de Mirabeau , Bureaux de Puly , *secrétaires* ».

Réponse du Roi,
5 *octobre au soir.*

« J'accepte purement et simplement les » articles de constitution , et la déclaration » des droits de l'homme , que l'assemblée » nationale m'a présentés. *Signé* LOUIS ».

Je vous laisse le plaisir de comparer ces articles décrétés par l'assemblée nationale , à tout ce que vous avez lu ; et je vous

prie, mon ami, de faire parvenir à l'assemblée, celles de vos observations qui
vous auront paru mériter de lui être soumises.

Je me refuse à vous entretenir de quelques décrets de l'assemblée nationale, qui
établissent parmi les hommes une échelle
de mérite et de lumières absolument soumises à la quotité des moyens de chaque
individu. J'ai lu ces décrets ; ils ne peuvent diminuer ni mon enthousiasme pour
la liberté, ni mon amour pour l'égalité, ni
enfin mon admiration pour l'ensemble des
opérations de l'assemblée nationale. Mon
ami, j'entrevois que tous ceux dont la fortune se trouvera en raison inverse de leur
patriotisme, de leurs talens et de leur zèle
pour la chose publique ; sont, dès ce jour,
écartés des assemblées législatives ; et cette
perspective auroit suffi pour me découra-
ger, si nous n'avions l'espérance des amen-
demens que la seconde législature apportera
à ce décret...

Vous recevrez par le courrier de la semaine
prochaine, la partie de la préface qui contenoit une assez longue digression sur l'esclavage des Nègres ; vous jugerez, mon ami,

de tout le désir que j'aurois de contribuer
à l'affranchissement de tant de milliers de
nos frères.

Je vous envoie enfin, mon ami, quelques
notes prises dans les ouvrages de nos modernes philanthropes ; vous en ferez vous-
même l'application aux principes de Needham ; vous saisirez leurs rapports avec la
cause de la liberté des peuples : elles con-
tiennent des principes purs, et elles m'ont
paru susceptibles d'être insérées, comme
par appendice, à l'excellence d'un état libre.

Un peuple qui a fait la conquête de sa
liberté, doit mépriser tous les plaisirs qui
diminueroient de son attention et de son
amour pour la chose publique. Il doit écarter ces jeux et ces amusemens que les
ministres avoient imaginés pour occuper
tous nos instans. Semblable à un élève qui
a passé de la classe des adolescens sur les
bancs des sages, il ne doit regretter ni les
récréations ni les divertissemens. Un peuple libre doit, par préférence, se rendre
habile à tous les exercices militaires. Il doit
se tenir en garde contre l'envie, qui nous
rend injustes sur le mérite d'autrui, et contre
cette admiration aveugle et confiante, qui

fait un héros, d'un citoyen adroit et heureux, et qui, d'un héros, fait un dieu.

L'enthousiasme du peuple pour ses chefs, ne tarde pas à devenir préjudiciable à son bonheur ; c'est un brasier qui dissout sans effort le bouclier et les armes de la liberté.

Dira-t-on que oe soit un bien ? Parmi ce nombre immense de héros citoyens qui ont rallumé les flambeaux du patriotisme, qui ont détruit et les asyles et les remparts du despotisme, qui ont immolé ses agens, qui ont fait pâlir l'aristocratie, qui ont enfin terrassé et foulé aux pieds tout ce qui pouvoit servir à perpétuer le souvenir de l'asservissement de nos aïeux ; au milieu d'une ville qui a opposé trois cent mille combattans à un roi qui s'étoit laissé tromper, et qui s'en est bien sincèrement excusé et repenti ; cette ville, dont les habitans ont éternisé à jamais le glorieux souvenir, par leur ardent amour pour la liberté, par leur énergie, par leur prudence, et par leur constante sagesse pour en assurer les bases ; ô douleur ! quatorze mille seulement ont voté pour la nomination du Maire. Mon ami, je ne puis me réconcilier avec cette indifférence des citoyens ; j'en suis profondé-

Q 3

ment , amèrement affecté. Seroit-ce l'effet
du decret qui fait un choix parmi les
citoyens, qui les a classés sous la dénomi-
nation de citoyens actifs non éligibles , et
de citoyens actifs éligibles? Il seroit bien
intéressant pour la chose publique, que la
municipalité, qui va s'organiser, ouvrît les
yeux sur les causes de ce refroidissement ,
qui suffiroit tout seul pour anéantir notre
liberté. Les citoyens se seroient-ils donc
retirés des assemblées , par indifférence ou
par mépris ? De quelque manière que j'exa-
mine quels ont pu être les motifs qui ont
tout-à-coup ralenti leur zèle, et qui les a
fait dédaigner de concourir aux élections ,
cette considération , que le mépris ou
l'indifférence sont les seuls motifs qui ont
éloigné des assemblées primaires nos héros
citoyens , me pénètre d'un sentiment si
douloureux , que je serois tenté de propo-
ser un jeûne de trois jours , pour expier,
en quelque sorte , l'énormité de ce crime.
Citoyens , ce jeûne vous paroît-il ridicule ?
Eh bien, couvrez vos drapeaux d'un crêpe
funèbre ; que ce bras qui déracina l'arbre
de la tyrannie , qui le fit tomber sous la
hache ; que ce chapeau qui vous honore plus

que toutes les couronnes ; que vos épées ; que tout porte les marques d'un deuil général. A Sparte, on pleuroit la mort d'un simple citoyen ; il s'agit ici de votre indifférence pour la chose publique : que diront nos frères d'armes de Bordeaux, de Nantes ? Ils en frémiront de colère ; que dis-je, Parisiens ? nos frères d'armes, justement alarmés, se demanderont : Où donc étoient les vainqueurs de la Bastille ? Que sont devenus ces zélés patriotes, dont le nombre a excité dans leur ame un souvenir mêlé de confiance et de respect ?

La liberté d'un peuple est donc essentiellement liée à ses opinions. Ses ennemis auront - ils toujours, pour asservir les citoyens ; tout l'avantage qu'ils sauroient retirer de cette puissance active, qui agit sur le moral, qui l'enchaîne, et qui accroît ou diminue toute l'énergie et l'enthousiasme du peuple ? Souffrirez-vous que les partisans de la monarchie absolue nous ramènent, au son de nos tambours et sous les étendards de la liberté, sur le sol miné de la tyrannie, afin de pouvoir se rire et se jouer de nous ? Souffrirons-nous que les courtisans, par leur adresse et à force de

moyens insidieux, nous contraignent enfin
à rassembler dans nos mains les cendres
éparses de la tyrannie, pour les leur offrir
en expiation de nos triomphes ? Parisiens !
si les ennemis de votre liberté parvenoient
à vous humilier à ce point, savez-vous,
Parisiens, quel succès ils s'en promettent ?
Eh bien, car je ne puis croire que vous y
ayez songé, la prudence, qui fait prévoir
les maux à venir, est l'arme et le bouclier
de la valeur, comme elle fait toute la force
des héros. Si jamais les ossemens de la
tyrannie étoient rapprochés, je ne sais quel
feu les ranimeroit ; une force inconnue,
inhérente à chacun des débris du monstre,
se déployeroit à la fois, et vous la reverriez
plus audacieuse et plus cruelle ; le monstre
jetteroit un cri qui se feroit entendre avec
une force si grande, que ce cri ! . . . . Je
m'adresse à vous, Héros citoyens, qui, dans
toutes les villes de la France, apprendrez
que seulement quatorze mille citoyens ont
concouru à Paris pour la nomination du
Maire ; c'est à vous qu'il appartient d'entretenir et de perpétuer le bienfait de la
liberté ; et quand toutes les branches seront
saines et pleines de vie, . . . Parisiens, ô

vous, dont la valeur ne peut être surpassée ni ternie ; ô mes concitoyens ! à quel point la douleur m'a égaré ! déjà je fermois les yeux sur votre gloire ; et dans l'abattement où m'a plongé ce sentiment, j'ai adressé ma plainte à ces généreux frères d'armes que vous honorez, que vous estimez, que vous aimez, et que déjà je vois accourir pour s'opposer à toutes les espèces de tyrannies.

Par votre lettre du mois de janvier dernier, mon ami, vous désirez savoir ce que la révolution aura opéré en Angleterre : la révolution a été considérée par les Anglois avec cet étonnement rapide et subit, qui nous laisse à peine la faculté de nous en rendre compte. Avant le mois de juillet 1789, il n'y avoit, selon les Anglois, rien au monde de plus méprisable que le régime auquel nous étions soumis : ils nous estimoient individuellement ; ce sentiment s'étendoit rarement sur le gros de la nation. Aujourd'hui les idées de ce peuple varient, selon que ses individus sont plus ou moins rapprochés de l'administration et des affaires. Interrogez un membre de la chambre haute sur ce qu'il pense de la révolution de

1789, il se défendra de vous répondre,
ou, s'il agit d'une façon plus franche, il
gémira de la honteuse inconstance d'un
peuple qui se refuse à porter ces chaînes
dont l'orgueil, l'avarice et la voracité des
grands avoient couvert l'homme et ses propriétés ; il se plaindra qu'il n'y ait plus
pour les grands d'autre dignité que celle
de CITOYEN. Il trouvera étrange qu'une
nation entière ait dit, JE VEUX, et que sa
volonté soit enfin substituée à celle de tant
de ministres, de favoris, de favorites, et
de commis (cette dernière, s'il n'y avoit pas
de favorites, seroit incontestablement la
pire de toutes), de valets, etc. etc. Il s'in-
dignera que les évêques soient redevenus
éligibles, comme si la route que les anciens avoient tracée pour faire arriver les
hommes aux honneurs et aux dignités, ne
pouvoit aussi servir aux nations modernes.
Un d'eux me disoit : Vos évêques seront
nommés au cabaret !... Je lui répliquai :
Ceux-ci, Mylord, vaudront bien les évêques
qui ont été nommés dans les boudoirs ; et,
ajoutai-je, avez-vous donc oublié comment
et en quelle circonstance Dubois obtint du
Régent l'archevêché de Cambrai ? — Il n'en

étcit pas de même de vos juges, et vous avez aussi le droit de les élire. — Sans doute, Mylord, nos juges valoient quelquefois mieux que nos évêques ; mais souffrez que je chasse du parlement un d'Al...., un S......, dont la bassesse et la complaisance ont influencé dans la rédaction de tant d'arrêts (*a*) ! — Je le croyois homme à talent, vertueux, et plein de zèle pour la justice. — Mylord, voyez le *livre rouge*, et

____

(*a*) Mais pour ceux qui se contentent de faire justice quand elle s'accorde à leur intérêt, et qui l'abandonnent quand cet intérêt leur est contraire, soit qu'ils la trahissent dans les grandes occasions, soit qu'ils la méprisent ou la négligent dans les moindres, ou qu'ils l'altèrent dans les unes et dans les autres par le mélange de quelque autre amour, dans le dessein secret d'élever leur fortune sur la vérité, qu'ils apprennent de sa bouche même, que tous leurs desseins seront confondus, qu'ils tomberont eux-mêmes et se briseront sur elle, s'ils marchent contre elle, parce que dans sa stabilité elle est la pierre angulaire du fondement sur lequel on ne peut élever que des ruines ; et qu'ils sachent encore qu'après leur chûte cette pierre tombera sur eux, et que tous ceux sur qui elle tombera, selon la propre expression de l'Evangile, en seront écrasés : *Super quem ceciderit, conteret eum.* DOMAT. *Loix Civiles.*

jugez si un magistrat qui a reçu de la cour
des gratifications et des dons aussi considé-
rables et aussi souvent répétés, mérite la
réputation d'homme vertueux (*a*). — Ce
S.....! il m'humilie! Il n'y a pas un homme
dont j'aie autant de fois fait l'éloge ; mais il
a pu avoir des besoins : j'aurois tant de
plaisir à le trouver homme de bien ! — Mylord, c'étoit celui de nos magistrats dont
j'admirois le plus les talens, jusqu'à ce que
j'eusse lu ses réquisitoires contre les bons
ouvrages. M. S......étoit ce serrurier,
pardonnez-moi la comparaison, qui dou-
bloit les anneaux de la chaîne qui nous
embrassoit de la tête aux pieds, dans le
tems où la Bastille pouvoit être, bien plus
que les canons, l'ULTIMA RATIO REGIS. Je
ne vous proposerai pour exemple que son
réquisitoire sur les ouvrages de l'ABBÉ
RAYNAL. Milord, si M. S......eût été
le seul homme vendu à la cour, nous n'au-

(*a*) Le prophète Sophonie appeloit les juges de
son siècle des loups affamés, mais affamés d'une faim
qui a duré toute la journée : *Lupi vesperè*. Voyez
les Harangues de Domat, dans son livre intitulé :
Loix Civiles. D'Aligre, Séguier, quels noms vous
donnerai-je ?

rions éprouvé que bien tard sa maligne influence ; mais un d'A . . . . . ! eh ! qui sais-je encore ? . . . .

Souvenez-vous , mon ami , qu'il y a peu d'hommes qui parviennent à cette ataraxie , qui laisse à la sagesse toute sa vigueur et à la raison toute sa dignité et toutes ses graces.

Je suis , etc.

Notes annoncées dans la Lettre du Traducteur.

(1) L'état le plus corrompu de la société humaine , est celui où les hommes ont perdu leur indépendance et leur simplicité de mœurs primitives , sans être arrivés à ce dégré de civilisation où un sentiment de justice et d'honnêteté sert de frein aux passions féroces et cruelles. ROBERTSON.

(2) Les moindres désirs des souverains sont des ordres chez un peuple accoutumé à les respecter comme des divinités. ROBERTSON.

(3) A mesure que les hommes s'unissent en société , et vivent sous l'empire des loix

et d'une police régulière, leurs mœurs s'a-
doucissent; les sentimens d'humanité naissent en eux. ROBERTSON.

(4) Tel est le caractère odieux et distinctif du despotisme oriental, qu'afin d'élever
le prince, il anéantit toutes les autre classes
d'hommes; qu'il ôte tout à ceux-ci pour
donner tout au despote; qu'enfin il tend
à effacer de l'esprit des peuples toute autre
idée de relation entre les hommes, que celle
d'un maître avec des esclaves; le premier
destiné à commander et à punir, ceux-ci
nés pour commander et pour obéir. Ro-
BERTSON.

(5) Plusieurs familles réunies ayant continué de vivre en société, c'est d'elles que
descendent les premières nations policées;
ces familles ne cessent point pour cela de
vivre sous la discipline de l'âge d'or; elles
se maintiennent par les seules loix de la
religion; elles ne reconnoissent d'autre roi
que le Dieu qu'elles adorent et qu'elles attendent sans cesse. Cette manière de vivre
habitue insensiblement ces premières sociétés à un gouvernement mystique et surnaturel, dont le plan n'est qu'une pieuse

fiction, et dont on soutient l'extérieur et la forme par un appareil de convention qu'on imagine, qu'on augmente, et que l'on exagère peu à peu. La multitude des pratiques, des usages et des suppositions auxquels on est obligé de recourir, confond, d'âge en âge, les premières idées des hommes; leur esprit s'égare, ils prennent à la lettre tous leurs rites et leur culte; il en résulte nécessairement une foule de préjugés religieux et politiques, une infinité d'usages bizarres et déraisonnables, des abus, et des fables sans nombre pour les expliquer. Toutes ces choses venant à fermenter dans l'esprit des hommes, changent avec le tems la nature de ce gouvernement théocratique, en font oublier le nom, les principes et l'origine, et précipitent enfin la religion, la police et l'histoire des premiers âges dans le chaos le plus obscur.

Ce gouvernement mystique et surnaturel, qui succéda à l'âge d'or, et qui fut une de ses suites, est le même qu'une mythologie universelle qui a recueilli les foibles restes de ces premiers âges, a appelé *le règne des Dieux*. Cette façon de s'exprimer ne désigne autre chose que le règne de Dieu,

connu de quelques anciens peuples sous
le nom de *théocratie*.

Le tems, qui a enveloppé de ses voiles
les plus épais la théocratie primitive des
nations Païennes, n'a point permis jusqu'ici à l'histoire d'en connoître les annales
et d'en montrer les monumens : le seul
moyen de connoître ce gouvernement, est
de consulter la chose même. Qu'est-ce
qu'une théocratie ? C'est un gouvernement
dans lequel la société non seulement adore
l'Être suprême comme son Dieu, mais
suppose encore qu'il est son roi immédiat
et particulier ; en sorte que toutes les loix
dérivent de lui, et s'exécutent en conséquence de cette supposition. C'est un gouvernement dans lequel, moins le lien civil
et politique est sensible et visible, plus on
fait d'efforts pour y suppléer par un extérieur et par un appareil de convention.
Ainsi l'Être suprême, dans ce gouvernement,
fut traité comme un monarque, c'est-à-dire,
comme un homme ; dès-lors il fut avili, la
politique fut subordonnée à la religion, ce
qui a corrompu et perverti l'une et l'autre.
On donna une maison au Dieu monarque,
et cette maison devint un temple ; on y
plaça

plaça un temple, qui devint un sanctuaire ;
on y plaça par la suite un emblême ou une
image quelconque ; et cette image attira
les regards et les vœux des peuples, et devint une idole. On dressa une table devant
le Dieu monarque ; et cette table se convertit en autel. On couvrit cette table
d'abord de pain, de vin, de fruits, et ensuite on y immola des animaux, puis des
hommes, des rois, des enfans de rois, et
des milliers de victimes humaines. En regardant Dieu comme un roi, on se crut
obligé de le nourrir ; et comme le préjugé
le fit regarder pour un roi méchant et qui
se plaît à la destruction des hommes, on
voulut le repaître du sang des hommes.
Enfin on donna à ce monarque des ministres et des officiers ; de là le sacerdoce.

Dans un tel gouvernement, il fallut
supposer que toutes les loix que suivoit la
société, émanoient du Dieu monarque.
Voilà la source de toutes les révélations
vraies ou fausses. On fut obligé d'imaginer
des moyens pour connoître les intentions
d'un roi qu'on ne voyoit point et qu'on
ne pouvoit entendre ; de là, les oracles,
les divinations, les augures, les aruspices,

Tome II. R

enfin on eut recours à mille suppositions
et à mille conventions de cette nature,
fondées sur des principes illusoires, et
dont l'imposture ne profita que trop souvent
pour aveugler les hommes. Le Dieu monarque reçut des tributs, des dîmes, des
troupeaux, des terres, des chevaux, des
armes ; et, traité en tout comme un monarque ordinaire, il eut des femmes et des
enfans. Chacun de ces usages fut ensuite
le principe d'une foule d'erreurs plus ou
moins ridicules ou criminelles ; chaque
partie du cérémonial fut la source de quelques abus ; ces erreurs et ces abus, consacrés par le tems, ne cessèrent plus
d'infecter les législations, les religions et
les mœurs, et d'altérer le bons sens de
toutes les nations de la terre.

Si la théocratie, par les abus qu'elle entraîna, ne servit qu'à avilir la divinité en
la faisant descendre au rang d'un homme
quelquefois cruel et méchant ; si elle
corrompit la religion primitive, elle con-
tribua aussi à dégrader l'homme, et à le
rendre esclave de la société. La grandeur
excessive d'un Dieu monarque exigeoit de
ses sujets une soumission sans bornes :
cette soumission fut d'abord toute religieuse

et légitime ; mais elle se convertit bientôt en un esclavage politique et injuste. Le règne d'un Dieu ne peut être que despotique et absolu par sa nature ; il ne peut y avoir de conventions ou de traités entre la créature et l'auteur de son être. Dieu, sous ce gouvernement mystique, étoit un sultan invisible ; ses officiers ou ses prêtres furent ses visirs, et ils devinrent à la fin les seuls maîtres de la société. On pourroit donc donner au règne des Dieux le nom de *règne des prêtres* : en effet, c'est sous ce règne, que l'histoire ne nous a point fait connoître, que le sacerdoce a jeté les fondemens de cette énorme puissance dont on voit déjà les effets dans les annales des plus anciens peuples, et dont l'abus s'est fait sentir jusqu'à nous. Chargés du soin des biens du Dieu monarque, les prêtres ont fini par s'identifier avec lui ; et même, sous le christianisme, peu s'en est fallu que le vicaire d'un Dieu qui a déclaré que son royaume n'étoit pas de ce monde, n'ait envahi en Europe la monarchie universelle, et n'ait asservi les souverains mêmes à ses loix. BOULANGER, *Antiquité dévoilée*, tome III, liv. VI, chapitre XII, XIII et XIV.

(6) Les patriciens s'étant emparés des terres conquises, les avoient renfermées de murailles ; on avoit élevé dessus des bâtimens ; des troupes d'esclaves faits des prisonniers de guerre, les cultivoient pour le compte des grands, et déjà une longue prescription couvroit ces usurpations scandaleuses. Les sénateurs et les patriciens n'avoient guère d'autres possessions que ces terres du public, qui étoient passées successivement en différentes familles par partage ou par vente. C'est ainsi que l'amour des richesses et des jouissances prit la place de l'honorable pauvreté. La volupté succéda à la tempérance, l'oisiveté et la mollesse au travail.

L'intérêt personnel éteignit le zèle et l'ardeur pour le bien public ; l'égoïsme s'établit sur les ruines du patriotisme ; une corruption générale se répandit dans tous les ordres de l'état ; on vendit publiquement la justice dans tous les tribunaux ; les tribuns mirent à prix le salut de la ville, et les services du peuple dans les dangers les plus pressans. Ceux-là consignoient sur la place, pour acheter le suffrage de celui-ci ; les dignités acquises par l'argent et la brigue, enrichissoient les dignitaires des dépouilles de l'état ; ils ravageoient eux-mêmes les provinces qu'ils auroient dû conserver et défendre ; les revenus publics n'étoient plus qu'un pillage, et l'état s'affoiblit à mesure que les Patriciens devinrent plus puissans. Alors aux tributs on ajouta de nouvelles sommes, ou à titre de présens, ou par forme d'emprunt, ou même on ne chercha plus de prétexte : quand le gouvernement n'osa plus exiger lui-même pour avoir de l'argent comptant, il remit la levée de ces tributs à des publicains, qui, sous prétexte d'avoir avancé les fonds, triplèrent ces mêmes tributs, et absorbèrent, par des vexations ou des usures énormes, les revenus de l'année suivante.

C'est ainsi, enfin, que Rome corrompue mina sa perte, que le patrimoine des pauvres devint celui des riches, et que les richesses s'engouffrèrent dans cette capitale de l'univers. Un luxe affreux circula avec des fleuves d'or formés du sang des peuples : on vit s'élever tout-à-coup, et comme par enchantement, de superbes palais, dont les murailles, les voûtes et les plafonds étoient dorés. Ce n'étoit pas assez que les

R 3

lits et les tables fussent d'argent, il falloit encore que ce métal fût gravé ou orné de bas-reliefs, de la main des plus excellens ouvriers. *O pater urbis !* disoit Juvénal, *unde nefas tantum latiis pastoribus.* C'est de Sénèque que nous apprenons un changement si prompt et si funeste dans les mœurs des Romains. Tout l'argent de l'empire se trouva dans les mains de quelques publicains, de quelques grands, et de quelques affranchis plus riches que leurs patrons. Ce furent ces filons de l'empire qui seuls produisirent de l'or. C'est Démétrius, affranchi de Pompée, qui fit bâtir ce magnifique amphithéatre qui pouvoit contenir jusqu'à quarante mille personnes.

Ils n'étoient point contens, dit Paccatus, si, au milieu de l'hiver, les rosées ne nageoient sur le vin de Falerne qu'on leur présentoit ; et si, dans l'été, on ne l'avoit fait rafraîchir dans des vases d'or. Ils n'estimoient les festins que par le prix des mets qu'on y servoit. Il falloit, au travers des périls de la mer, leur aller chercher les oiseaux du Phase ; et, pour comble de corruption, on commença, après la conquête de l'Asie, à introduire dans ces festins, des chanteuses

et des baladines. Les jeunes gens en faisoient l'objet de leurs ridicules affections ;
ils se frisoient comme elles ; ils imitoient
tout leur artifice ; ils ne surpassoient ces
femmes perdues , que par leur mollesse et
leur lâcheté. Aussi *Jules César* , qui con-
noissoit la fausse délicatesse de cette jeunesse efféminée, ordonna à ses soldats ,
dans la bataille de Pharsale , au lieu de
lancer de loin les javelots , de les porter
droit au visage ; et il arriva , comme ce
grand homme l'avoit prévu , que ces jeunes
gens prirent la fuite , de peur de s'exposer à
à être défigurés par des blessures et des
cicatrices.

Qu'elle ressource pour la liberté , ou ,
pour mieux dire, quel augure d'une servitude prochaine ! Il n'en falloit point
d'autre que de voir un état où le pauvre
officier languissoit dans les honneurs obs-
curs d'une légion , pendant que les grands
tâchoient de couvrir leur lâcheté , et
d'éblouir le public par la magnificence de
leur train et par l'éclat de leur dépense.

Un luxe aussi général eut bientôt con-
sumé les richesses des grands. Pour fournir à
une dépense si excessive , après avoir vendu

ses maisons et ses terres, ou
d'indignes adoptions; par des
honteuses, le sang illustre de
et quand on n'eut plus rien à v
trafiqua de sa liberté. Le luxe et l
étoient passés de la ville jusque d
camp; les chefs y négligeoient la
militaire, à laquelle leurs ancêtres
leurs conquêtes et la gloire de la républi
On voyoit une foule de valets et d'esclaves,
avec tout l'attirail de la volupté,
l'armée comme une autre armée. César,
après avoir forcé le camp de Pompée dans
les plaines de Pharsale, y trouva les tables
dressées comme pour des festins. Après
cela, faut-il s'étonner que des hommes qui
cherchoient les voluptés au milieu même
des périls, et qui ne s'y exposoient que
pour pouvoir fournir ensuite à leurs plaisirs,
aient vu ensevelir leur liberté dans les
champs de Pharsale? M. LE CLERC, Histoire
de la Chine.

(7) Les juges, qui doivent imiter Dieu
n'étant pas la justice même, ils la doivent
aimer, et concevoir une noble indignation
contre l'injustice, afin d'agir contre elle
de toutes leur forces, et de vaincre tou

sortes de difficultés pour rendre justice ; et s'ils ne sont pas indépendans par leur condition, il faut qu'ils le deviennent par leur courage, afin qu'ils ne se laissent jamais affoiblir, ni par le désir d'obliger, ni par la crainte d'offenser les personnes les plus puissantes, et qu'ils se rendent inexorables et inflexibles comme Dieu, même à toute espérance et à toute crainte. DOMAT.

(8) Les grands craignent plus que la mort, une sorte d'état qui les force à respecter les hommes. J. J. ROUSSEAU.

(9) Le luxe, impossible à prévenir chez des hommes avides de leurs propres commodités et de la considération des autres, achève bientôt le mal que les sociétés ont commencé ; et, sous prétexte de faire vivre les pauvres, qu'il n'eût pas fallu faire, il appauvrit tout le reste, et dépeuple l'état tôt ou tard.

Le luxe est un remède beaucoup pire que le mal qu'il prétend guérir ; ou plutôt il est lui-même le pire de tous les maux, dans quelque état, grand ou petit, que ce puisse être, et, pour nourrir des foules de valets et de misérables qu'il a faits, il

accable et ruine le laboureur et le citoyen ;
semblable à ces vents brûlans du Midi, qui,
couvrant l'herbe et la verdure d'insectes
dévorans, ôtent la substance aux animaux
utiles, et portent la disette et la mort
dans tous les lieux où ils se font sentir. J. J.
ROUSSEAU.

(10) César disoit « qu'un serment ou
un parjure ne devoit rien coûter, quand
il s'agissoit de monter sur le trône.

(11) Les sages Tlascalans, dont le gouvernement étoit républicain, avoient une
discipline militaire qui alloit de pair avec
celle des Espagnols. Ils fournirent à Cortez
(après lui avoir livré deux sanglans com-
bats, dans lesquels Cortez et les siens
eurent occasion d'éprouver que la valeur,
toujours inséparable de la liberté, étoit
chez ce peuple une habitude et non pas
un effort) une armée de cinquante mille
hommes. Cortez dut à leur courage, autant
qu'à cette haine pour toute forme d'état
monarchique ou despotique, qui avoit si
souvent excité des guerres entre l'empereur
du Mexique et la république de Tlascala,
tous les succès qu'il obtint d'abord, et
qui contribuèrent enfin à lui assurer la con-

quête du Mexique. *Note du Traducteur.*

(12) La morale est la base de la politique: ainsi, sans les mœurs, les loix s'écroulent et le bonheur fuit. *Aux Bataves.*

(13) Il est dans la nature des gouvernemens vraiment libres, d'être agités pendant la paix: c'est par ces mouvemens intestins que les esprits conservent leur énergie, et le souvenir toujours présent des droits de la nation; mais dans la guerre il faut que toute fermentation cesse, que les haines soient étouffées, que les intérêts se confondent et se servent les uns les autres. RAYNAL.

(14) Dès que le prince institue les loix, les abolit, les restreint, les suspend à son gré; dès que l'intérêt de ses passions est la seule règle de sa conduite; dès qu'il devient un être unique et central où tout aboutit; dès qu'il crée le juste et l'injuste; dès que son caprice devient loi, et que sa faveur est la mesure de l'estime publique, si ce n'est pas là le despotisme, qu'on nous dise quelle espèce de gouvernement ce pourroit être! RAYNAL.

(16) Un état où la prospérité de la nation est sacrifiée à la forme du gouver-

nement ; où l'art de tromper les hommes
est l'art de façonner les sujets ; où l'on veut
des esclaves et non des citoyens ; où l'on
fait la guerre et la paix , sans consulter ni
l'opinion ni le vœu du public ; où les
mauvais desseins ont toujours des appuis
dans les intrigues , dans la débauche , dans
la pratique du monopole ; où les bons
sujets ne sont reçus qu'avec des moyens et
des entraves qui les font avorter : est-ce là
la patrie à qui l'on doit son sang ? RAYNAL.

(17) La rapacité des gouvernemens est
inconcevable. On ne trouvera pas peut-être
un seul exemple où l'imposition n'ait été
concomitante de l'entreprise ; pas un souverain qui n'ait voulu une partie de la
moisson avant que la récolte fût faite , sans
s'appercevoir que ces exactions prématurées
étoient des moyens sûrs de la détruire. D'où
naît cette espèce de vertige ? est-ce de
l'ignorance ? est-ce de l'indigence ? seroit-
ce une séparation secrète de l'intérêt propre
de l'administration , de l'intérêt général de
l'état ? Le gouvernement qui se joue par-
tout de la crédulité du peuple , et que
rien ne sçauroit distraire de son empresse-
ment à reculer les limites de l'autorité ,

devient plus entreprenant au moment que
la nation devient plus timide. Des consciences hardies opprimèrent les consciences foibles, et l'époque de ce grand
phénomène fut celle d'une grande servitude. Triste et commun effet des catas-
trophes de la nature ! elles livrent presque
toujours les hommes à l'artifice de ceux
qui ont l'ambition de les dominer. C'est
alors qu'on cherche à multiplier sans fin
les actes d'une autorité arbitraire ; soit que
ceux qui gouvernent croient qu'en étendant
le pouvoir de leur personne, ils augmentent
la force publique. Ces faux politiques ne
voient pas qu'avec de tels principes, un
état est comme un ressort qu'on force à
agir sur lui-même, et qui, parvenu au
point où finit son élasticité, se brise tout-
à-coup et déchire la main qui le comprime.
RAYNAL.

(18) La guerre, heureuse ou malheureuse,
sert toujours de prétexte aux usurpateurs
des gouvernemens : comme si les chefs des
nations belligérantes s'y proposoient moins
de vaincre leurs ennemis, que d'asservir
leurs sujets ! RAYNAL.

(19) Le meilleur des princes laisse tou-

jours beaucoup de bien à faire à ses successeurs ; un premier despote ne laisse
presque jamais de mal à faire à un second.
RAYNAL.

(20) Dans l'anarchie, le calme renaît,
et il n'en coûte la vie à personne ; sous
la tyrannie, le calme est suivi de la chute
de plusieurs têtes ou d'une seule. RAYNAL.

(21) Une ordonnance est ridicule toutes
les fois qu'il y a des voies certaines pour
l'éluder. RAYNAL.

(22) C'est le sentiment du malheur qui
dégoûte les hommes de leur patrie, plutôt que le désir des richesses. RAYNAL.

(23) La superstition explique tout ce que
la raison trouve inconcevable ; elle seule
pouvoit ôter la liberté à des hommes qui
n'avoient guère à perdre que la liberté.
RAYNAL.

(24) Le bonheur est, sans doute, compa-
gnon de l'ordre et de la paix ; et les passions mêmes, ennemies les unes des autres, sont dans un état perpétuel de guerre.
Quels biens peut-on en attendre ? quels
maux au contraire ne doit-on pas en
craindre, si la raison ne se rend leur mé-
diatrice, leur arbitre et leur juge ? Comme

autant de furies, elles portent la désolation dans toute la terre ; elles changent les magistrats en ennemis de la société ; elles foulent aux pieds les loix les plus saintes de l'humanité , et détruisent dans un instant les empires les plus formidables. Mably.

(25) Les ministres d'un Dieu de paix jouissoient alors de toute la confiance du peuple ; ils avoient été appelés dans les assemblées nationales par les vœux de tous les citoyens , à raison de leur savoir et de leurs vertus ; mais , à cette époque, ils oublièrent les saintes maximes des Apôtres , ils suivirent l'exemple des chefs de l'armée , et ils firent une caste à part dans la nation, sous le nom de *clergé*. Mably.

(26) De même qu'il y a des vertus fécondes , qui se prêtent un secours mutuel , et que la politique doit principalement cultiver dans une république qui les possède encore ; il y a aussi des vices féconds , et qui servent, pour ainsi dire , de matrice et de foyer à la corruption ; et c'est à les proscrire que la politique doit d'abord travailler dans une république corrompue. A leur tête est ce vice dont je

ne sais pas le nom, monstre à deux corps, composé d'avarice et de prodigalité; qui ne se lasse jamais ni d'acquérir ni de dissiper; et dont les besoins, toujours renaissans et toujours insatiables, ne se refusent à aucune injustice. S'il est foible et ne se montre encore qu'avec quelque retenue, réunissez toutes vos forces; et osez l'attaquer avec courage, poursuivez-le jusque dans ses derniers retranchemens; s'il ne succombe pas, vous n'avez rien fait. Quelle erreur à quelques républiqnes de proscrire le luxe dans le public, et de le tolérer dans le sein des familles; d'inviter à la modestie des mœurs par des loix somptuaires, et de les altérer par la pompe des fêtes publiques! MABLY.

(27) La justice elle-même, ce lien principal de la société, a besoin d'être éclairée par la prudence, et d'apprendre d'elle à connoître la nature des passions, à prévoir leur entreprise, à étudier les moyens de les gêner par de sages établissemens et des loix salutaires. MABLY.

(28) La liberté est nécessaire aux hommes, parce qu'ils sont des êtres intelligens; dès qu'ils en sont privés, ils ne conservent ni

ni courage ni industrie, et la société composée d'automates doit périr, si elle est attaquée par des ennemis qui soient des hommes. MABLY.

(29) Faites rougir de leur absurdité ces politiques insensés, qui, pour rendre quelque vigueur à la république, voudroient y attirer tout l'or et tout l'argent du monde entier. Les aveugles ! ils entreprennent de rassasier, à force d'argent, des passions insatiables. Nous en sommes déjà venus au point de confondre le luxe et le faste des riches avec la prospérité de la république; leur fortune domestique, qu'il faut ménager; leurs plaisirs, qu'il ne faut pas troubler, voilà les objets ridicules que la politique, désormais impuissante, est obligée de regarder comme les vrais besoins de l'état. Augmentez la corruption avec nos richesses, et nos maux deviendront encore plus accablans. Nos politiques, avides d'or et d'argent, jettent des semences d'avarice, de volupté, de mollesse, d'injustice, de fraude, de haine, etc.; et ils s'attendent à en voir naître la justice, la tempérance, le courage, la générosité et la concorde ! MABLY.

Tome II. S

(30) Un grand modèle de vertus s'élève au milieu de la Grèce; la fière et rigide Lacédémone, que Lycurgue, généreux conspirateur, force à recevoir des loix et à devenir heureuse. Ce législateur forme, de plusieurs pouvoirs balancés, le gouvernement le plus parfait, où deux rois, maîtres absolus comme généraux, ne sont, comme magistrats, que les ministres des loix; où le peuple, comme souverain, mais surveillé par les magistrats, ne peut abuser de son autorité; où les magistrats, trop puissans pour exécuter la loi, sentent peser sur eux la puissance supérieure du peuple, dès qu'ils osent s'en écarter : république qui réunit sous deux rois les avantages du gouvernement monarchique, de l'aristocratie, et du régime populaire; état où ne peut entrer le poison de l'or ni celui des arts, et qui, étranger à la richesse et à la misère, doit l'être en même tems à la corruption des mœurs. Sparte prend sur la Grèce l'ascendant que donne la vertu, et n'a souvent besoin que du ministère d'un héraut, pour réconcilier des villes ennemies et réduire des tyrans à l'état de citoyens.

(51) Il n'y a d'autorité légitime que celle

qui est fondée sur un contrat raisonnable ;
la loi seule est en droit de régner sur
les hommes, et tout est permis pour établir son empire. Tout peuple libre peut
donc affermir sa liberté, en limitant, divi-
sant ou multipliant les fonctions de ses magistrats ; tout peuple asservi peut donc travailler à recouvrer sa liberté. MABLY.

(32) On demandoit un jour à Solon,
législateur des Athéniens, quelle ville lui
paroissoit la plus heureuse et la mieux
policée. Ce seroit, répondit-il, celle où
chaque citoyen regarderoit l'injure faite à
son concitoyen comme la sienne propre,
et en poursuivroit la vengeance avec la
même chaleur.

(33.) Les passions les plus favorables au
succès du despotisme, telles que la crainte,
la paresse, l'avarice, la prodigalité, l'amour
des dignités et du luxe, sont aussi com-
munes que le courage de l'ame, la modestie dans les mœurs, le goût de la frugalité,
du travail et du bien public, sont rares.

(35) Tandis qu'un peuple libre ne s'oc-
cupe pas assez du danger qui le menace,
et s'endort quelquefois avec trop de sécu-
rité ; tandis que les grands d'une monar-

chie courent au devant de la servitude, et que des petits bourgeois orgueilleux croient augmenter leur état en imitant le langage et la bassesse des courtisans, il est donc du devoir des honnétes gens de faire sentinelle et de venir au secours de la liberté, si elle est sourdement attaquée, ou d'élever des barrières contre le despotisme. Mably.

(34) Ne croupissons pas dans une monstrueuse ignorance; que les gens de bien travaillent à dissiper ces préjugés, qui, comme autant de chaînes, nous attachent au joug. Tâchons de faire connoître aux derniers des hommes leur dignité. Mably.

(35) Cromwel ne se souleva contre le despotisme qu'affectoit Charles I, que par ambition et par fanatisme; c'est un tyran qui a puni un tyran. Mably.

(36) Avec quelque empire que ces magistrats commandent aux citoyens, jamais leur autorité ne sera dangereuse, s'ils ne possèdent que des magistratures courtes et passagères, qui ne leur donneront pas des intérêts distingués de ceux de la république. Mably.

Fin des Notes.

OBSERVATIONS
SUR L'ESCLAVAGE
ET LE COMMERCE
DES NEGRES.

Pour répondre aux questions insérées dans le Journal de Paris, et qui avoient été faites par M. B. S. FROSSARD, auteur d'un excellent ouvrage, intitulé : *La Cause des Noirs portée au tribunal de l'humanité, de la justice et de la religion;* par M. THÉOPHILE MANDAR (a).

SI un peuple libre a dans ses pensées, dans ses discours, dans sa marche, et jusque dans ses gestes et dans ses regards, cette fierté qu'il ne tient que du sentiment

----

(a) Ces observations devoient ne faire, avec la préface du traducteur, qu'un seul et même ouvrage; mais on a observé à l'auteur que cette digression étoit beaucoup trop longue, et qu'elle ne pouvoit être publiée que séparément; il s'est, par cette raison, déterminé à ne la donner qu'à la fin de cette traduction.

S 3

de son indépendance, cette noblesse et cette majesté que l'exercice de la souveraineté imprime sur le front du citoyen, et qui ne l'abandonne qu'à la mort ; si la liberté donne à l'homme, dignité, grandeur, sentiment, noblesse, force, courage et magnanimité, le rendroit - elle indifférent aux maux de ses semblables ? Dira-t-on que l'homme libre, le citoyen - roi conserve dans son caractère cette atrocité qui ferme à la sensibilité le cœur des tyrans, et qu'il aime à s'en défendre ? L'homme libre, le citoyen-roi formera-t-il aussi le désir de se nourrir du sang et des sueurs de l'homme, LUI qui élève librement ses mains vers le ciel pour y adresser ses vœux, LUI dont la voix est ce foudre qui écrase et punit les rois ? LE CITOYEN dont le bonheur et la liberté font l'objet de l'admiration de tous les peuples, consentiroit-il à être servi par des esclaves ? Si les Français possèdent 600,000 esclaves à 1000 livres l'un portant l'autre, voilà, s'écriera-t-on, une perte réelle de SIX CENTS MILLIONS, ce qui est immense.

Je réponds : ces 600,000 hommes ne vous appartinrent jamais ; sans pudeur vous les avez mis au nombre de vos propriétés ; offrez-leur un salaire, ils continueront de multiplier pour vous le produit de vos terres : les *Quakers* nous ont donné cet exemple ; serions nous moins susceptibles d'humanité, de désintéressement, et l'équité ne seroit-elle pour nous qu'un nom, et la justice un problême ? Les loix saintes de la nature feroient-elles sur nos cœurs moins d'impression, que ses merveilles sur nos esprits ?

Le travail de l'homme qui jouit de sa liberté, est plus considérable ; son intelligence lui donne une main que n'a pas l'esclave ; il se sert de sa raison, c'est pour lui un excellent maitre : l'esclave, au contraire, n'a qu'un de tout ce que le libre a par deux.

Et que l'on ne dise pas que ce sont encore des idées purement philosophiques, que l'expérience n'a pas démontrées, et quelle démentiroit : j'en appelle à tous les colons qui voudroient être de bonne foi, et je fonde la vérité de cette assertion sur leur propre témoignage ; je l'ai avec eux observé, et ils l'ont souvent reconnu entre eux.

S 4

La liberté nous élève vers les cieux, d'où elle tire son origine, et la servitude nous retient vers la terre, où elle est née.

On ne peut se défendre de la plus profonde compassion, à la vue de cette classe nombreuse d'hommes qui reçoivent avec l'existence, ce bienfait du Créateur, les marques d'un esclavage aussi long que la vie; de ces hommes qui comptent les années par la variété de leurs souffrances, et dont les sentimens toujours flétris, toujours calomniés, n'ont jamais été bien connus.

« Madame Sennard vécut quatre-ving-six à quatre-vingt-sept ans; j'ai fait les honneurs de ses funérailles. Quelques années avant sa mort, elle avoit donné la liberté à plusieurs nègres. Il y avoit, de l'habitation à l'église, une distance de trois lieues; j'accompagnois le corps : arrivé au bourg, on le déposa dans une bière *commune*, sous un grand arbre qui sert de lieu de rendez-vous, d'où le clergé part pour aller à l'église. Les habitans et les amis arrivèrent par toutes les routes, et bientôt leur nombre indiqua que le corps qui venoit d'être déposé sous l'arbre, étoit celui d'un riche. Le petit-fils

aroît; je le consolois, quand
apperçus deux vieux nègres
vent s'aidant de leur bâton ; ils
un cri perçant, et se dirent : *La
notre bonne maîtresse, elle est*
et ils pleuroient. Je considérai at-
tivement ces deux vieillards : ils soule-
vèrent le drap mortuaire ; je leur deman-
dai pourquoi. Je vous en supplie, monsieur, que je baise les pieds de notre maîtresse ; notre maîtresse étoit si bonne !
nous voulons pleurer sur ses pieds, sur
son visage ; permettez que je lui baise les
pieds ! Je leur défendis de découdre le
linceul : Nos larmes le mouilleront, nos
larmes sur les pieds de *notre bonne maîtresse !....* Je me retirai, ne pouvant en
imposer à deux hommes dont les suppli-
cations étoient interrompues par les san-
glots : ils décousirent le linceul à l'endroit
des pieds, les lui baisèrent en versant des
larmes avec abondance : ils jetèrent de
grands cris, élevèrent les mains au ciel,
et les reposèrent sur les pieds froids de
madame Sennard. L'un d'eux commença
à découvrir la face de cette morte respectable : je ne voulois pas le souffrir ; mais

je sentis jusques au fond du cœur le pouvoir que cet acte de leur reconnoissance
exerçoit sur moi. Plein d'admiration pour
ces deux vieillards, je détournai pour quelques momens la vue d'un spectacle aussi
nouveau et aussi attendrissant : cependant
les amis, le clergé vinrent. On plaça en
hâte le corps dans la bière. Ce n'est qu'a-
vec beaucoup de larmes que je pourrois
raconter ce qui se passa au moment où
l'on cloua la bière ; leurs cris, leurs gémissemens furent l'oraison funèbre de madame Sennard : ils suivirent le deuil dans
le chœur, se placèrent à genoux au bord
de la fosse, et, tandis que les amis et
moi y jettions de l'eau bénite, ils y dépo-
sèrent leurs pieuses larmes. Je les vis bai-
ser la terre dont j'avois fait combler la
fosse, et pendant plus d'une heure ils y parurent immobiles. Je les entendis répéter
ces mots : *Elle étoit si bonne !*

La servitude, qui isole les hommes comme
leurs sentimens et leurs volontés, fera place
à la liberté qui les réunit, qui leur donne
je ne sais quoi de grand et de noble. A l'abri
de la liberté, les nègres bâtiront des bour-
gades ; les mariages seront fréquens ; la po-

pulation en sera l'effet, et, tout aussi long-temps que les blancs pourront se maintenir à ce dégré de supériorité qu'ils ont sur les Africains, et du côté des lumières, des sciences et des arts, autant que par cet ascendant légitime et naturel qu'un bien-faiteur conserve sur ses protégés, de l'accroissement des nègres suivra celui des richesses de l'habitant, et du commerce de la métropole avec les colonies.

Cet arbrisseau que le soleil n'avoit jamais vivifié de ses rayons, vous l'avez transplanté ; la main de l'homme a protégé ses jeunes branches ; il le couvre bientôt de son ombre, le couronne de fleurs, et l'enrichit de ses fruits : voici, ô FRANÇAIS ! une race nombreuse d'êtres qui n'attendent que la lumière bienfaisante de la liberté, pour devenir des hommes.

Les hommages de nos inférieurs nous flattent peu, nous n'y faisons qu'une légère attention, ce sont nos inférieurs ; mais l'hommage et la reconnoissance de nos égaux nous élève au dessus de nous-mêmes : notre ame et tous nos sentimens sont d'accord. On ne sçauroit ajouter à notre bonheur : nous régnons, et nos sujets sont nos égaux !

Aujourd'hui, ô mes compatriotes ! livrez-vous à tous les sentimens de la charité, qui compatit, qui soulage et qui nourrit ; plusieurs milliers d'hommes, vos égaux dans l'ordre de la nature, vos frères en Dieu, élèvent tous ensemble leurs mains suppliantes ; leurs regards sont fixés sur vous ; ils ne se plaignent pas, ils oublient leurs maux ; ils vous implorent, vous qui êtes leurs maîtres ; ils vous supplient, EUX PAR QUI VOUS PROSPÉREZ ! Ils sont dans les profondes ténebres de l'ignorance, vous possédez toutes les lumières ; ils ont encore cette ame vierge, susceptible des sentimens les plus purs ; par cette longue patience à attendre de vous le bienfait de la liberté, ce zèle à vous servir, par cet amour de leurs jeunes épouses en allaitant vos enfans, toutes les années de leur vie, vous en avez joui !...

Depuis trois siècles, vos aïeux, et vous-mêmes qui m'entendez, possédez de vastes domaines ; leurs travaux les ont mis dans vos mains. Jouissez-en, jouissez de ces biens, plusieurs milliers d'esclaves vous en ont donné la propriété ; ceux qui vous supplient sont leurs enfans.

La liberté dont les peuples les plus libres font la base de la grandeur, de la prospérité et de la gloire, ainsi que du bonheur des nations, sera-t-elle un bienfait pour les nègres ? Leur caractère naturellement indolent, l'habitude d'obéir, l'insouciance absolue du lendemain, cette existence, ou plutôt ce sommeil continuel dans lequel toutes les facultés de leur ame paroissent plongées comme dans un abîme, pardonnez-moi l'expression, font qu'ils vivent de la vie des morts, et je les appellerois plus volontiers des êtres qui aspirent à devenir des hommes : ils naissent, les années se rassemblent sur leur tête ; ils les ont passées en gémissant sur la terre ; leur vie a été un long et horrible songe.

Ces hommes sont à une distance qui ne peut s'apprécier ; pour les élever à notre hauteur, leur tendrons-nous, comme à des enfans, une main secourable et protectrice ?

Ces êtres sont nés pour nos plaisirs, pour multiplier nos richesses, et jouir, sous notre protection, de la portion des biens dont nous daignons leur laisser le libre usage.

Si j'ai bien entendu, habitans des colonies, ce sont-là vos discours.

Vous connoissez le cours des astres : les saisons ont une marche invariable, malgré leur inconstance. Connoissons-nous les bornes de la tyrannie, les loix qui lui lui seront supérieures, les institutions que nous devons rechercher pour prévenir sa naissance, son accroissement continuel, enfin pour empêcher ses dangereux desseins ?

Que l'un de ces habitans, riche des flots de sang et des larmes qui coulent sur de vastes habitations, soit soumis au supplice les plus ordinaire parmi les plus extrêmes ; ordonnez qu'un nabot soit arrondi au dessus de la cheville de son pied droit, qu'une chaine prenne de ce nabot, et soit fixée à un collier de fer, qui sera son carcan. Donnez-lui une nou riture grossière, un travail continu ; que son sommeil soit court, ses heures de repos rares ; qu'il ignore à jamais le terme de ses maux ; s'il se plaint, répondez-lui par un châtiment atroce ; s'il murmure, que ses douleurs augmentent : avec qu'elle éloquence il fera retentir les tribunaux de ses justes réclamations ! Que dis-je ? les tribunaux ! Un esclave ! il n'en est pas pour lui : ses larmes n'exciteront point la pitié, ou, s'il parvenoit à trouver des ames qui voulussent compatir à ses peines, ce sera pour lui comme le bon grain de l'Evangile, qui est tombé parmi les épines. J'aborde cet homme doublement malheureux; son ame fuit la présence des hommes; l'espérance d'un sort plus heureux n'est pour lui qu'un songe: il ne s'y livrera pas; sa situation actuelle disperse ses pensées, ses réflexions sont, à l'égard de son cœur, ce que le nabot, ce que la chaîne et le carcan sont à l'égard de son corps.

O vous, qui jouissez en paix du bienfait inestimable de la liberté! considérez, et voyez cet homme dont toute la force suffit à peine à ses tourmens; son courage est courbé par la douleur; il ne peut plus pleurer, il a versé sa dernière larme!

Elevez vos pensées vers cet avenir qui s'ouvre à vos neveux; ils vantent votre générosité, ils gémissent d'être nés deux siècles après vous, ils vous envient l'honneur de ce bienfait, et la gloire qui en rejaillit sur eux ne leur semble qu'une foible lumière, comparée à la gloire infinie que vous vous êtes acquise.

O FRANÇAIS ! PEUPLE GÉNÉREUX ET MA-
GNANIME, tes enfans vont mettre au nombre
de l'héritage de leurs pères, les continuelles
actions de graces des esclaves qui tiennent
la liberté de leur magnificence; et, d'âge en
âge, le vieillard redira à ses petits-enfans :
Nos pères eurent des esclaves ; ces esclaves
ont imploré nos pères ; nous sommes Français : ô mes petits enfans ! nos pères les ont
affranchis ; ces hommes ont loué Dieu et
béni nos pères ; leurs enfans en conservent
le précieux souvenir; ils nous chérissent ;
leurs cabanes sont pour nous un sûr asyle ;
et leurs fruits, ils les trouvent meilleurs
quand ils nous les ont offerts.

Mots sublimes, qui retentissez de la terre
au ciel, accens des milliers d'hommes, qui
s'écrient, transportés, ravis de joie : Nous
LIBRES ! LES FRANÇAIS ! .... NOUS LIBRES ! Vieillards, enfans répètent ces mots ; pour eux
une seconde naissance : NOUS LIBRES ! Voilà
d'éternels titres de noblesse ; vous aviez
600,000 esclaves ; ce sont six cent mille
hommes, et c'est par vous, par votre unanime consentement, qu'ils ont franchi l'in-
tervalle immense de l'ESCLAVE à l'HOMME !

Quelques personnes, peut-être, me diront

ront que la traite des nègres a été faite sous la sanction du gouvernement ; que si ce trafic n'eût pas été permis, on ne l'auroit osé faire. Et encore que ces hommes vous appartiennent en toute propriété , comme la maison de votre père, qu'il a héritée de votre aïeul , est la vôtre par succession , ne me dites pas non plus, habitans des colonies , que vous avez nourri et soigné les enfans de vos esclaves , que vous les avez logés , vêtus, que vous les avez instruits , et que, par tous ces titres , ils vous appartiennent de droit comme vos propres enfans.

Si tels sont vos argumens, je vous en conjure , et par tous ces généreux Français , vos ancêtres , dont vous avez trop négligé les grands exemples ; par cette naissance dont vous vous targuez , être blancs ! et par cette humanité que vous montrez en donnant l'hospitalité aux étrangers ; par l'amour que vous devez à votre patrie , dont le nom fait *tout seul* votre joie et votre bonheur ; par tous vos concitoyens , qui d'une voix unanime vous y invitent et vous en pressent ; et si l'on peut ajouter à d'aussi puissans motifs , je vous en conjure

Tome II.   T

par vous-mêmes, par votre gloire, le silence est préférable à ces raisons ; il est préférable à la honte ineffaçable d'une telle
excuse ; avec quelque éloquence que vous
la présentiez, il est préférable au crime et
à l'infamie dont vous vous rendriez coupables ; redites-vous à vous-mêmes ce qu'un
étranger (qui n'auroit aucun intérêt à cette
cause, que celui dont il ne pourroit se défendre à la vue d'un si grand nombre d'hommes malheureux et opprimés) se diroit,
que les prérogatives de l'homme sont scel-
lées du sceau de la sagesse divine, qui l'a
doué de facultés noblès, distinctes de celle
de la brute.

Mais, me direz-vous, les esclaves que
nous achetons sont des criminels condamnés au dernier supplice, nous les en déli-
vrons.

Ainsi vous, qui êtes des Français, de-
venez les généreux libérateurs des criminels
de l'Afrique ; vous ravissez à la loi le coupable qu'elle a condamné ; et afin que votre
générosité soit digne du nom que vous por-
tez, Français ! et vous, nations de l'Europe, venez et oyez ! Ils ne dérobent à un
supplice infame plusieurs milliers d'hommes,

que pour les faire jouir d'une vie longue
d'infamies , d'une vie douloureuse, et qu'ils
prolongent avec art par un alternatif rai-
sonné de bien-être instantané et de maux
infinis ; ainsi , de notre aveu , nous devenons les exécuteurs des sentences portées
contre les criminels de l'Afrique , nous qui
répétons avec orgueil les noms de nos héros ,
de nos savans , de nos philosophes , et qui ,
ô comble d'horreur ! ô honte ! nous les
législateurs des nations , en devenons les
bourreaux.

Que si je vous accorde qu'ils sont des
prisonniers de guerre , vous vous plongez
plus avant dans l'infamie. Des prisonniers
de guerre ! ces hommes qui sont échappés
du carnage ! leur vie est sacrée. Quand ils
étoient des criminels , vous n'étiez que les
exécuteurs de la loi ; et quels exécuteurs
encore ! Dans le second cas , vous violez
le droit des gens ; vous faites le mal que
Dieu avoit permis qui n'arrivât pas à ces
prisonniers ; j'entends , qu'ils ne succom-
bassent pas à la guerre ; vous vous pressez
comme des animaux de carnage , et ne
pouvant , comme eux , dévorer les victimes
immolées sur le champ de bataille , vous

vous appropriez les malheureux prisonniers, pour les détruire ensuite par le glaive
de la tyrannie, par le feu de la douleur et
par tous les tourmens.

Quel moment, ô mes compatriotes, que
celui où le vieillard nègre dira à son fils : Moi,
qui suis libre par les années (*a*), je vois ma

(*a*) Lorsqu'un nègre ou une négresse est parvenu
à l'âge de 60 ans, c'est un usage presque générale-
ment suivi par les habitans, de ne plus donner à ces
vieux serviteurs aucune espèce d'occupation ; ils
jouissent d'une ombre de liberté, et les derniers instans de leur vie leur appartiennent. Je n'ai point vu
d'exemples d'esclaves âgés de 60 ans assujettis au
travail, qu'ils reçoivent des ordres, ni qu'ils aient
aucune inquiétude ; le soir de leur vie se passe,
graces à cet usage, dans un oubli absolu des peines
et des chagrins dont ils étoient accablés ; j'en ai
connu qui avoient 80 ans, quelques-uns de 90 ans.
J'ai dîné avec un nègre libre, âgé de 105 ans ; il
jouissoit de la santé la plus robuste, s'étoit marié à
l'âge de 103 ans, et avoit eu un fils de cet hymen : son
épouse avoit vingt ans ; elle étoit sage : il avoit de-
meuré plusieurs années à Paris, et les évènemens,
dont on ne trouvoit plus la trace que dans l'histoire,
étoient récens pour cet homme ; sa mémoire étoit
fidèle, et son esprit juste, mais sans culture : il racon-
toit ce qu'il avoit vu, avec une simplicité et ce ton
de vérité qui sied à la vieillesse. On me demanda

liberté se prolonger comme un rayon de lumière sur mes enfans ; tu es libre avant l'âge, tes enfans naîtront libres ; et d'un esclavage long-tems malheureux, je vois naître, avec les siècles, une nation d'hommes libres !.... Oui, ils seront tous libres, ils ne seront jamais esclaves, Dieu ne le permet plus.

J'entends des hommes respectables épouvantés de l'affranchissement subit des nègres ; le moment de la liberté sera pour eux une surabondance de jouissances de toute espèce, leur ame sera plongée dans une sorte de délire, et les plus modérés ne-

---

la permission de le faire diner à table : je le priai de permettre que je fusse placé auprès de lui, en le traitant de *monsieur* : il s'offensa de cette qualification, qu'il assuroit ne lui être pas due, et il me fallut déférer à son avis et l'appeler *papa*.

Dans les grandes habitations il n'est pas fort extraordinaire de voir jusqu'à deux et trois centenaires ; quant aux nonagenaires, on y fait peu d'attention, et beaucoup moins aux vieillards : ils ne manquent de rien ; leur vieillesse a quelque chose de vénérable. Le maître naît, il se hâte de jouir ; sa vie s'écoule avec rapidité, tandis que l'esclave est debout surchargé d'années. Ces vieillards nègres sont très-religieux. T. M.

seront pas exempts de cette ivresse générale qui s'emparera des esprits ; elle est légitime : seroit-ce donc un crime à ces malheureux, de ne plus se souvenir de leur déplo-
rable situation, à l'instant où ils sont affranchis ? Hommes respectables, voyez avec
moi L'HOMME pénétrer ces foibles êtres,
en même tems que le sentiment de la liberté
efface pour eux toute l'horreur des années
écoulées. IVRESSE SUBLIME, L'ESCLAVAGE
N'EST PLUS !

L'acte par lequel un blanc achète d'un
noir sa liberté, est illégal ; il est criminel,
il est atroce.

Le nègre vend la propriété de sa personne, de ses volontés et de ses actions ;
sa personne appartient à la société dans
laquelle il est né, à sa patrie après Dieu :
sa volonté, dénuée des lumières de la raison, et ses actions, de la moralité desquelles
son bonheur présent et futur dépend tout
entier, ne peuvent, sous aucun rapport,
être concédées ni vendues.

Le nègre qui se vend, ignore certaine-
ment le prix infini de l'existence, celui plus
grand encore de la liberté ; il ignore jusqu'à quel point on pourra abuser du droit

illimité qu'il a donné sur sa personne : ce
que l'on ne connoît pas n'a pu être appré-
cié, n'a pu être payé, ne peut être cédé ;
comment pourroit-on le vendre ? Le blanc
qui achète le nègre du nègre, a par-dessus
lui l'avantage de savoir qu'il achète un
homme ; il reconnoît si le nègre à vendre
a essentiellement toutes les facultés de
l'homme, l'intelligence, la force, l'adresse,
la mémoire ; s'il ne les a pas toutes, il diminue de sa valeur ; et de quelque manière
que l'un et l'autre établissent leurs principes, ils sont, et le vendeur et l'acheteur,
dans une erreur égale : je n'y trouve qu'une
différence, c'est que le vendeur ne connoît pas bien précisément le prix de ce qu'il
vend ; pourquoi il est digne de pitié : l'acheteur, au contraire, le sait parfaitement ;
c'est parce qu'il le sait, qu'il contracte ;
c'est parce qu'il achète sciemment la liberté
et l'existence d'un être, son égal dans la
classe des êtres, son frère en Dieu, qu'il
est criminel, qu'il est méprisable, qu'il est
infame ; et, par toutes ces raisons, le mépris
qu'on a pour les esclaves doit, à plus juste
titre, s'étendre sur leurs maîtres.

La liberté ! la liberté est un bienfait inhérent à l'existence de l'homme ; elle est inaliénable et incessible. D'où nous viennent tant d'argumens, sinon de la peine que vous ressentez à vous dessaisir d'un bien acquis contre les loix saintes et inviolables de la nature? Ces loix augustes sont sacrées ; elles sont éternelles.

En examinant quels ont été les motifs qui ont pû vous déterminer à faire la traite des nègres, si je vous demande, Français! est-ce l'amour de l'humanité, de la justice? vous gardez le silence d'un homme accablé sous l'énormité de son crime; ce silence dévoile à la fois votre honte et vos forfaits; ce silence vous accuse, il vous convainc; ce silence fixe sur vos actions, sur vos pensées, tous les sentimens de l'horreur et de l'exécration; ce silence change à mes yeux tout ce qui vous environne en objets d'indignation; ce silence appelle sur vous les supplices réservés aux plus grands criminels, l'ignominie qui les précède, et ce long souvenir par lequel les hommes expient sur les enfans et les crimes et les bassesses de leurs ancêtres; et comme si le tems de notre vie ne suffisoit pas à notre honte, la vengeance divine, toujours im-

placable et infinie dans ses moyens, trans-
met le souvenir de nos crimes; et, de siècle
en siècle, ces mêmes sentimens de cour-
roux et d'indignation dont nous sommes
émus, parviendront à nos derniers neveux
avec la même horreur, et votre infamie
sera encore une infamie dans tous les siècles
à venir.

Ce fleuve, dont la source est éloignée de
la mer par plusieurs centaines de lieues, et
qui, par sa largeur et sa profondeur, vous
laisse à douter si vous cessez de naviguer
en pleine mer, vous l'appelez grand, et,
par comparaison à d'autres fleuves, vous
dites, c'est le plus grand de tous les fleuves;
vous nommez le lieu d'où il prend sa source,
et celui où ses eaux se confondent avec les
eaux de la mer; leur distance excite en
vous une profonde admiration; vous ne
connoissez rien au monde dont la grandeur
puisse être comparée à la grandeur de ce
fleuve: je m'en étonne avec vous; comme
vous je l'admire; et, quelle que soit l'im-
mensité de ce fleuve, vous en connoissez
la naissance et vous voyez son embouchure.

Voici, ô Français, un long cours de
crimes; il a commencé depuis plusieurs

générations : placés à une grande distance
du lieu où il coule avec les années, nous
n'en connoissons que ce que les voyageurs,
dont l'exagération est toujours loin de la
vérité, nous en disent ; si leur nombre, qui
est infini, n'inspire pas une confiance sans
bornes, vous convenez néanmoins que le
peu que vous en savez, et à quoi votre
scepticisme ne peut rien opposer, est au
dessus de tout ce dont l'homme est capable : ce cours de crimes est l'œuvre, j'en
frémis d'épouvante et d'effroi, il est l'œuvre
de l'homme civilisé ; il est ce cours de
crimes ; il est immense, puisqu'il couvre
toutes entières des îles plus grandes ensemble que des royaumes de l'ancien monde ; il traverse les mers ; il dépeuple l'A-
frique et l'Amérique ; l'Amérique entière
n'est pas assez vaste pour ses ravages : ET
CE CRIME N'EN SERA PAS UN TRÈS-GRAND !

Les nègres libres sont de tous les maîtres,
les plus durs ; et quand un Européen veut
effrayer son nègre et lui inspirer une grande
crainte, il le menace de le vendre à un
nègre libre : ces hommes, parvenus, tout-
à-coup de l'esclavage à la liberté, conservent dans leur cœur le souvenir affreux

de ce qu'ils ont été capables de souffrir
sans mourir, et ils épuisent sur leurs malheureux esclaves les tourmens et les tor-
tures que l'homme a inventés dans sa fureur; ils les exécutent avec un raffinement
de cruauté, et cet air de satisfaction et de
calme que nous aurions un jour de fête.
Rien n'approche de la tranquille férocité,
de cette ironie dans les paroles, dans le
regard et dans les gestes, par lesquels ils
froissent tous les sentimens du patient, à
l'instant où son corps offre l'image d'une
plaie inguérissable, et dont les douleurs ne
se peuvent concevoir.

Si un Européen le sollicite de faire grace,
il lui réplique avec un respect mêlé de
reproches : C'est mon nègre, c'est mon
esclave, etc.

Trente-deux mille esclaves importés dans
nos colonies ont perdu, avant leur arrivée,
le sixième de leurs compagnons, ou par
les suites d'une épidémie, ou par les acci-
dens de la mer, et, ce qui est pire, par la
férocité et l'intempérance des blancs, et
enfin par le défaut d'espace et la mauvaise
nourriture, autant que par les précautions
mêmes que les blancs prennent pour leur

conservation : si vous ajoutez à ces trente-deux mille hommes qui ont été faits prisonniers de guerre pour nous être vendus, le nombre de ceux qui sont péris dans la mêlée, avant ou après la bataille ; en se précipitant dans les rivières ; ceux qui sont morts à la guerre en combattant pour leur liberté, et qu'ils ont défendue avec la plus grande intrépidité ; ceux que le spectacle de leur patrie dévastée aura affectés profondément, et qui sont allés attendre la mort sur les tombeaux de leurs ancêtres en nous maudissant ; ceux qui savent que les fers de la servitude entrent jusque dans l'ame, et qui préfèrent la mort à l'esclavage et à la clémence des blancs : si vous réfléchissez sur tous ces objets, vous conviendrez que, pour convertir tous les ans trente-deux mille hommes en animaux domestiques et en instrumens de labourage, nous avons imité un homme qui, voulant transporter des arbres, détruiroit plusieurs forêts.

Et en effet, on ne peut estimer la dépopulation annuelle moindre de 60 à 70,000 hommes pour la partie de l'Afrique avec laquelle nous faisons la traite des nègres, ce qui donne, pour dix années, un nombre de 6 à 700,000 ! Depuis trois cents années, nous continuons ce commerce avec les rois de la côte d'Afrique.

Si je me transporte en Afrique, je vois des Français exciter les rois à dépeupler leurs provinces, et un chargement d'eau-de-vie faire verser une plus grande quantité de sang : un miroir, un peigne, une pièce de toile, sont le prix que nous offrons en échange de meurtres que l'on vient de commettre ; ces vils objets, pour la liberté d'un homme, pour la liberté de plusieurs milliers d'hommes, pour la mort d'un plus grand nombre. Je succombe à la vue de tant d'horreurs ; et tous les hommes assemblés applaudiroient à ce commerce, que j'éleverois ma voix du milieu de leurs criminelles acclamations, et seul je m'écrierois : AYEZ HORREUR !

Les larmes que ce nègre versé avec amertume, ses aïeux les ont répandues avant lui ; son fils les répandra à son tour, et ses arrière-petits-enfans arroseront de leur sang et de leurs pleurs ce même sol sur lequel leur aïeul a gémi : la douleur, l'ignominie, les tourmens, la servitude, voilà

donc l'héritage que l'esclave promet à sa postérité ! Etoit-il donc réservé aux peuples modernes de commettre un crime dont toute
l'horreur fût transmise et par l'agresseur
et par l'offensé, de générations en générations ?

Dans la supposition même où les nègres
que vous achetez seroient, contre toute
vraisemblance, coupables de crimes ; ne
les ont-ils pas déjà expiés en devenant vos
esclaves ? Cette peine n'est-elle pas infiniment supérieure à toutes les peines qui ont
jamais été infligées par tous les législateurs ? Mais leur postérité est-elle aussi
complice des crimes commis par leurs pa-
rens en Afrique ? Non sans doute ; c'est
votre postérité, au contraire, qui se rend
complice de vos fureurs et de vos cruautés ;
vos successions sont un héritage de crimes
à expier, que l'on continue, un héritage de
pleurs à essuyer, un héritage de plaies à
guérir, de consolations à donner ; au lieu
desquelles vous prodiguez les tourmens,
un héritage de torts à réparer, et que vous
aggravez, de malheurs et de maux infinis
que vous augmentez tous les jours.

On me pardonnera sans doute cette

digression sur l'esclavage des nègres , dans un ouvrage consacré tout entier à redire quelle est la splendeur d'un peuple qui , à l'énergie de la liberté , ajoute encore la majesté du pouvoir souverain ; un ouvrage destiné à faire connoître à l'homme ses droits et leur étendue , sa dignité , sa puissance , et quels biens il a droit d'en espérer ! Sans doute un sujet aussi grand , les droits et la souveraineté du peuple , n'est pas éloigné de la cause des noirs. Français ! ô Français ! peuple magnanime qui vois le trône et sa splendeur comme une prairie , où tes Législateurs viennent de s'asseoir en ton nom , il est tems que ta puissance se manifeste par des bienfaits ! la cause des nègres rencontre sans cesse aux pieds du trône de ton roi , DES HOMMES , DES INTÉRÊTS ET DES PASSIONS. Ô Peuple-roi ! jusqu'à quand souffriras-tu que la majesté du nom Français soit avilie et offensée ?

C'est dans l'auguste Assemblée Nationale que l'humanité fera entendre sa voix touchante : eh ! que puisse-t-elle s'y montrer précédée de ces gémissemens que fait entendre dans les provinces de l'Afrique le vieillard isolé, qui demande aux vents sur quelles côtes ont abordé ces hommes *blancs*, qui ont emporté les noirs pour ne les ramener jamais ! Heureux ce vieillard dans sa douleur ! trois fois heureux ! il ignore ce que sont devenus, sur une rive étrangère, son frère, sa femme, les fils de sa sœur, et ses propres enfans.

Déclaration du Traducteur.

JE déclare ne connoître directement ni indirectement M. le Cardinal de Rohan, M. Desprémenil, et n'avoir jamais connu M. de Bezenval, avant le 14 juillet 1789. A Paris, le 20 octobre 1790. T. MANDAR.

ERRATA.

PRÉFACE, page xviij, ligne 3, *supprimez* des rois.
Page 162, ligne 22, devenoit, *lisez* devient.
Ibid. ligne 23, mettoit, *lisez* met.
Tome II, page 117, ligne 4, imprudence, *lisez* importance.

Fin du second et dernier volume.

De l'imprimerie de J. GRAND, rue du Foin-Saint-Jacques, N°. 6.